Tatsachen und Meinungen Band 35

Boris Meissner

Das Sowjetsystem und seine Wandlungsmöglichkeiten

Verlag SOI

Gesamtherstellung: Steiger Druck AG Bern
Printed in Switzerland
ISBN 3-85913-093-5

Inhaltsverzeichnis

I. Der Unterschied zwischen einem demokratischen Parteienstaat und einem autokratischen Einparteistaat

Jedes politische System bedeutet nicht nur eine bestimmte Art der gesamtstaatlichen Organisation, das auf dem Zusammenspiel bestimmter Herrschaftsinstitutionen beruht, sondern zugleich den Rahmen für die Integration der gesellschaftlichen Kräfte. Die Steuerung des gesellschaftlichen Integrationssystems von einem Zentrum aus, das zugleich den Sitz der Staatsmacht bildet, ist in einem Einparteistaat wesentlich stärker ausgeprägt als in einem pluralistischen Mehrparteienstaat, der auf der Konkurrenz mehrerer gleichberechtigter Parteien im Rahmen eines parlamentarischen Systems beruht.

Die verfassungshistorische Bedeutung des Sowjetstaates in seiner leninistisch-stalinistischen Ausprägung ist darin zu sehen, dass er den ersten Einparteistaat der Geschichte darstellt und damit zum Vorbild nicht nur für kommunistische, sondern auch für faschistische Staatsgebilde geworden ist. Er hat uns bewusst werden lassen, dass die traditionelle Einteilung der Staatsformen, die teils auf Aristoteles, teils auf Machiavelli zurückgeht, hinfällig geworden ist.

Nicht die äussere Staatsform und damit die Gegenüberstellung von Monarchien und Republiken, die nur in Einzelfällen wichtig sein kann, sondern die innere Staatsform und das mit ihr verbundene Herrschaftssystem bilden heute das entscheidende Kriterium, um die einzelnen Staatstypen voneinander abzugrenzen. Es lassen sich dabei zwei Grundtypen des modernen Staates unterscheiden. Dem einen Staatstypus liegt die Herrschaft einer grösseren oder kleineren Gruppe oder eines einzelnen Mannes zugrunde. Der andere Staatstypus ist durch die massgebende Beteiligung des ganzen Volkes, das heisst der Gesellschaft in politischer Funktion, an der Herrschaft gekennzeichnet. Der permanenten Diktatur, die man als Autokratie bezeichnen kann, steht die konstitutionelle, rechtsstaatliche Demokratie gegenüber,[1] wobei beide Grundtypen verschiedene Erscheinungsformen und Übergänge aufweisen können.

In der rechtsstaatlichen Demokratie unterliegt die Ausübung der Staatsgewalt der Kontrolle durch das Volk, das unmittelbar oder über seine gewählten Repräsentanten an der Staatswillensbildung mitwirkt. Die Beschränkung der staatlichen Allmacht durch das Recht ermöglicht die Gewährleistung unveräusserlicher Menschenrechte.

In der Autokratie unterliegen die Machthaber keiner effektiven Kontrolle durch das Volk. Die Staatswillensbildung vollzieht sich von oben nach unten und nicht umgekehrt. An ihr hat das Volk keinen wirklichen Anteil, da freie Wahlentscheidungen — von Bereichen von geringer machtpolitischer Bedeutung abgesehen — ausgeschlossen sind.

Die Inhaber der Staatsgewalt können sich aufgrund ihres unbeschränkten Charakters von der Selbstbindung an das Recht jederzeit lösen. Daher ist ein rechtlicher Schutz und damit eine Garantie der Grundrechte in der Regel nicht gewährleistet.

In dem einen Falle haben wir mit verschiedenen Erscheinungsformen eines Parteienstaates auf demokratischer Grundlage zu tun,[2] der von einer Herrschaft auf Zeit ausgeht, die in bestimmten Abständen einen Machtwechsel zwischen den gleichberechtigten Parteien erlaubt. In dem zweiten Falle handelt es sich meist um einen Einparteistaat auf diktatorischer Grundlage, der auf einer permanenten Ausübung der Herrschaft durch die dazu allein berechtigte Partei beruht. Auch er weist verschiedene Erscheinungsformen auf.

Einparteistaaten unterscheiden sich durch ihre ideologischen Grundlagen und die von ihnen verfolgte politische Zielsetzung. Sie weisen ausserdem wesentliche Unterschiede im Herrschaftssystem auf.

Dem kommunistischen Staatssystem, durch das ein Drittel der Erdbevölkerung erfasst wird, gehören durchweg Einparteistaaten an, die auf der marxistisch-leninistischen Ideologie beruhen. Die Klassifizierung als Einparteistaat gilt auch für Volksdemokratien, in denen neben der herrschenden kommunistischen Partei noch Gefolgsparteien im Rahmen von Volks- oder Nationalfronten bestehen.

Das besondere Kennzeichen der sozialistischen Staaten kommunistischen Typs ist darin zu sehen, dass sie — von bestimmten Eigenheiten abgesehen — nach dem Vorbild des Sowjetstaates aufgebaut sind. Sie gehen von einem bestimmten Verhältnis von Partei, Staat und gesellschaftlichen Organisationen sowie einer dualistischen Herrschaftsstruktur aus. Der Aufbau der Partei folgt dabei mit geringfügigen Unterschieden den Grundsätzen, wie sie von Lenin und Stalin entwickelt worden sind und die trotz aller inzwischen eingetretenen Veränderungen ihre Gültigkeit nicht eingebüsst haben.

II. Die Bedeutung der Parteilehre Lenins für die Entstehung des sowjetkommunistischen Einparteistaates

In einem Mehrparteiensystem sehen sich die einzelnen miteinander konkurrierenden Parteien als Repräsentanten bestimmter Teile des Volkes an. In einem Einparteisystem erhebt die herrschende Partei den Anspruch, das gesamte Volk allein zu verkörpern und damit in Vertretung der Gesellschaft dem Staat übergeordnet zu sein.

Dieser Anspruch ist von Lenin in seiner Parteilehre näher begründet worden, obgleich er dem Wesen einer Partei widerspricht. Diese mag der entscheidende Träger der staatlichen Hoheitsgewalt sein. Sie kann aber niemals als Teil das Ganze ersetzen,[3] ohne damit die Mehrheit des Volkes von der Herrschaft auszuschliessen.

Die Parteilehre Lenins, die zur Wiederherstellung der Autokratie in Russland unter kommunistischen Vorzeichen führen sollte, wies nicht nur eine marxistische, sondern auch eine russisch-revolutionäre Wurzel auf.[4] Lenin ist bei ihrer Formulierung durch die radikalen Gedankengänge eines Netschajew und Tkatschow stärker bestimmt worden als durch die Vorstellungen von Marx und Engels, die von der Möglichkeit eines sozialistischen Mehrparteiensystems ausgingen.[5] Nach ihrer Auffassung sollte der Kommunistischen Partei im Unterschied zu den anderen Parteien die Aufgabe zufallen, die «Interessen des gesamten Proletariats» wahrzunehmen. Sie unterschieden dabei zwischen einer politisch bewussten Minderheit, die meist aus Intellektuellen bestand, und der breiten Masse, die sich durch revolutionäre Spontaneität auszeichnete. Engels wandte sich dagegen, diese beiden Teile scharf voneinander zu scheiden, und lehnte eine diktatorische Führung und übertriebene Disziplin ab.

Kautsky ist es gewesen, der in einem Aufsatz 1901 feststellte, dass die bürgerliche Intelligenz der Träger des politischen Bewusstseins sei, das von aussen in das Proletariat hineingetragen würde.[6]

Dieser Gedanke wurde von Lenin in seinem grundlegenden Werk «Was tun?» (1902) aufgegriffen, das durch die von Netschajew entwickelte Gestalt des Berufsrevolutionärs und die elitären Vorstellungen Tkatschows von einer kommunistischen Minderheitsdiktatur stark beeinflusst war.[7]

Für Lenin konnten nur intellektuelle Berufsrevolutionäre, die im Besitz der richtigen theoretischen Einsicht waren und den Typus des Volkstribunals und nicht des Gewerkschaftssekretärs verkörperten, als Avantgarde des Proletariats die Träger eines politischen Klassenbewusstseins sein, da das konkrete Proletariat nur eines «trade-unionistischen», das heisst gewerkschaftlichen, Bewusstseins fähig wäre. Löste sich die Arbeiterbewegung von der Führung dieser selbstgewählten, in einer Partei straff organisierten Avantgarde, so musste sie «unvermeidlich verbürgerlichen».

Diese These Lenins unterschied sich wesentlich von der Auffassung von Marx, dass die Befreiung der Arbeiter nur ein Werk der Arbeiter selbst sein könne. Sie stand aber im vollen Einklang mit Gedankengängen, die von der terroristisch-konspirativen Richtung der revolutionären Bewegung in Russland im 19. Jahrhundert vertreten worden waren.

Die schicksalhafte Spaltung der russischen Sozialdemokratie 1903 in einen bolschewistischen und einen menschewistischen Parteiflügel ist vor allem durch unterschiedliche Auffassungen in den Fragen des organisatorischen Aufbaus und der prinzipiellen Haltung zur Partei bedingt worden.[8] Die Menschewisten unter Martow, zu denen sich später Plechanow, der marxistische Lehrmeister Lenins, hinzugesellte, traten für eine demokratische Massenpartei nach dem Vorbild der west- und mitteleuropäischen Sozialdemokratie ein. Lenin forderte dagegen im Einklang mit seinen Ausführungen in «Was tun?» die Bildung einer elitären Kampforganisation von Berufsrevolutionären, deren Zielsetzung von der revolutionären Theorie bestimmt war.

Gegen den von Lenin propagierten zentralistisch-konspirativen Aufbau der Parteiorganisation haben sich vor allem Rosa Luxemburg und Trotzkij gewandt. Sie waren der Meinung, dass der von Lenin propagierte Zentralismus und die von ihm geforderte eiserne Disziplin aufgrund ihres autoritären Gehalts zwangsläufig zu einer Minderheitsdiktatur innerhalb der Partei führen mussten. Direkt prophetisch mutet heute die Voraussage Trotzkijs aus dem Jahre 1904 an:[9]

«Die Organisation der Partei tritt an die Stelle der Partei selbst, das Zentralkomitee an die Stelle der Organisation, und schliesslich tritt der Diktator an die Stelle des Zentralkomitees.»

In der Zeit von 1903 bis 1917 gab es innerhalb der russischen Sozialdemokratie, die sich geschlossen zum Marxismus bekannte, unterschiedliche Auffassungen nicht nur in der Frage der Organisation der Partei, sondern auch über den Gang der Revolution und die Art der künftigen Revolutionsregierung.[10]

Marx und Engels hatten in ihren Schriften den Standpunkt vertreten, dass zwar die Erkämpfung einer bürgerlich-demokratischen Ordnung gewaltsam erfolgen musste, nicht aber die spätere proletarisch-sozialistische Revolution, soweit die Voraussetzung eines demokratischen Staatswesens gegeben war. In jedem Fall setzte die revolutionäre Umwälzung die ökonomische und soziale Reife für die proletarisch-sozialistische Revolution, das heisst die volle Entfaltung des Kapitalismus, voraus.

Dieses Zwei-Revolutionen-Schema und die Auffassung, dass die demokratische Republik die spezifische Form der Verwirklichung der «Diktatur des Proletariats» bildete, lagen auch dem ersten Parteiprogramm der SDAPR von 1903, das auf Plechanow und Lenin zurückging, zugrunde.[11] In dem Parteiprogramm wurde die gewaltsame Ersetzung der zaristischen Autokratie durch eine demokratische Republik gefordert, deren Verfassung vor allem die Zusammenfassung der obersten Staatsgewalt in den Händen einer gesetzgebenden Volksvertretung, ein allgemeines Wahlrecht und die wichtigsten Grundrechte gewährleisten sollte. Die «Diktatur des Proletariats» wurde als ein Fernziel bezeichnet, das eine unerlässliche Voraussetzung für eine spätere soziale Revolution bildete.

Ebenso wie die Menschewisten, das heisst die gemässigten russischen Sozialdemokraten, vertrat Lenin zu dieser Zeit die Auffassung, dass die kapitalistische Entwicklungsstufe in Russland — einem im Sinne der heute gebräuchlichen Terminologie ausgesprochenen Entwicklungsland — nicht ohne gefährliche Folgen für eine demokratische Staatsgestaltung übersprungen werden könne.

Im Gegensatz zu dieser orthodoxen Auffassung befürwortete Trotzkij, angeregt durch Parvus-Helphand, im Rahmen der von ihm entwickelten Theorie von der «permanenten Revolution» aufgrund der besonderen Eigenart der russischen Verhältnisse den sofortigen Übergang von der bürgerlich-demokratischen zur proletarisch-sozialistischen Revolution.

Lenin wandte sich anfangs entschieden gegen die «halbanarchistischen» Gedankengänge Trotzkijs und wies auf die gefährlichen Folgen eines sofortigen Übergangs zur zweiten Revolutionsphase hin. Es war die Gefahr einer neuen Minderheitsdiktatur im Staate, die ihn beunruhigte und zum Ausspruch veranlasste:[12]

«Wer auf einem anderen Wege zum Sozialismus gelangen will ausser auf dem des politischen Demokratismus, der gelangt unvermeidlich zu Schlussfolgerungen, die sowohl im ökonomischen als auch politischen Sinne absurd und reaktionär sind...»

Erst im Jahre 1917 setzten sich die beiden Hauptakteure der Oktoberrevolution über die gegenseitigen Warnungen und damit über das marxistische Ursprungskonzept hinweg. Mit den «April-Thesen» übernahm Lenin Trotzkijs «unsinnige, halbanarchistische Idee... einer unmittelbaren Macht zwecks sozialistischer Umwälzung». Trotzkij wiederum fand sich mit der von Lenin kompromisslos vertretenen autoritären Organisationsform der Partei ab und wurde ihr glühendster Verfechter. Er hat die Gleichsetzung von Einparteiherrschaft und «Diktatur des Proletariats» ebenso wie Sinowjew und Bucharin, die Repräsentanten der «linken» und «rechten» Opposition in der Parteiführung, besonders deutlich gemacht.

Auf dem XIII. Parteikongress der KPR im Mai 1924 sagte er:[13] «In der letzten Konsequenz hat die Partei immer recht, weil die Partei das einzige historische Instrument ist, das dem Proletariat gegeben ist, um seine fundamentalen Probleme zu lösen...

Ich weiss, dass man nicht gegen die Partei recht haben kann. Man kann nur mit der Partei und durch die Partei recht haben, denn die Geschichte hat keinen anderen Weg geschaffen, auf dem man das, was recht ist, erfassen könnte.»

Erst im Exil scheint Trotzkij die Erkenntnis gekommen zu sein, dass die Parteilehre Lenins die entscheidende theoretische Voraussetzung für die persönliche Autokratie Stalins geschaffen hat.

Er schreibt in seiner Stalin-Biographie, die infolge seiner Ermordung unvollendet geblieben ist:[14]

«Es ist beinah eine Versuchung, den Schluss zu ziehen, dass der zukünftige Stalinismus bereits im bolschewistischen

Zentralismus wurzelte oder allgemeiner — in der Untergrundhierarchie der Berufsrevolutionäre.»

Die Verbindung zwischen der Partei- und der Staatslehre stellte Lenin in seiner Schrift «Werden die Bolschewiki die Staatsmacht behaupten?» am Vorabend der Oktoberrevolution her.[15] In ihr werden die Sowjets als der neue «Staatsapparat» behandelt, mit dessen Hilfe die bolschewistische Partei ihre Herrschaft ausüben und behaupten würde.

Die in der Revolution von 1905 entstandenen Sowjets (Räte)[16] wurden von Lenin anfangs wegen ihres spontanen Charakters abgelehnt. Erst nach der Februarrevolution 1917, nachdem sie zentrale Organe entwickelten, die zusammen mit der bürgerlichen «Provisorischen Regierung» eine «Doppelherrschaft» ausübten, war er bereit, sie als eine dauerhafte Institution zu akzeptieren.

Die Sowjets stellten anfangs Standesvertretungen der revolutionären Arbeiter, Soldaten und Bauern unter Beteiligung aller sozialistischen Parteien dar. Die Herausbildung eines Sowjetstaats mit einem sozialistischen Mehrparteiensystem wäre durchaus eine mögliche Alternative zu dem von der Konstituierenden Versammlung angestrebten parlamentarischen System gewesen.

Durch die Machtergreifung der bolschewistischen Minderheit in der Oktoberrevolution ist eine andere Entwicklung erfolgt, die in erster Linie durch das Machtstreben Lenins bestimmt war. Die rechten Sozialrevolutionäre und Menschewisten, die bei den Wahlen zur Konstituierenden Versammlung die absolute Mehrheit erzielten,[17] schieden nach der Oktoberrevolution unter Protest aus dem Sowjetkongress aus. Im Juli 1918 folgten nach der im Januar 1918 erfolgten gewaltsamen Auseinandertreibung der «Konstituierenden Versammlung» und dem Brest-Litowsker Frieden die linken Sozialrevolutionäre, die sich anfangs an einer Koalitionsregierung beteiligt hatten. Es verblieben so nur einzelne sozialistische Splittergruppen in den lokalen Sowjets. Die Bolschewisten waren es, welche die Räte gegen ihren Willen in Staatsorgane, den Staat in einen Sowjetstaat verwandelten, gleichzeitig aber das Machtmonopol für sich beanspruchten.

Soweit die Sowjets wirkliche Macht besassen, was während der Bürgerkriegszeit der Fall war, wurde sie ihnen schrittweise von der bolschewistischen Partei entzogen.[18] Bereits 1919 wurde der unitarische und nicht nur zentralistische Aufbau der Kommunistischen Partei Russlands (KPR) festgelegt. Die Kommandozentrale der Partei bildeten das Polit- und Organisationsbüro und das Sekretariat, an dessen Spitze 1922 Stalin als Generalsekretär trat.

Die Regierungs- und Organisationsgewalt wurde in den Händen der obersten Parteiorgane konzentriert.

Die innere Logik dieser Entwicklung lag in Lenins Parteilehre begründet. Aus seiner Parteikonzeption ergab sich auch die ideologische Begründung für den dualistischen Aufbau des Sowjetstaates, gemäss der die Partei als die «führende und lenkende Kraft» die Gesellschaft repräsentiert, während dem Staate als Apparat nur eine instrumentale Bedeutung zukommt.

Nach der bolschewistischen Machtergreifung hat Lenin die These, dass die Diktatur des Proletariats nur über die Kommunistische Partei verwirklicht werden könne, gegen eine Reihe von Gegnern einer Einparteiherrschaft in der bolschewistischen Parteiführung durchgesetzt.[19] Dass die Errichtung einer permanenten Parteidiktatur, der sich diese gemässigten Bolschewisten widersetzten, zur Wiederherstellung der Autokratie unter kommunistischen Vorzeichen führen würde, ist von Rosa Luxemburg frühzeitig erkannt worden. Sie wies 1918 darauf hin, dass die Beseitigung der Demokratie durch Lenin und Trotzkij zur «Diktatur einer Handvoll Politiker» geführt habe, welche den lebendigen Quell, den das «aktive, ungehemmte, energische Leben der breiten Volksmassen darstellen würde», verschüttet habe.[20]

Der Widerstand gegen die bolschewistische Einparteidiktatur bei den linkssozialistischen und anarchistischen Kräften führte während des X. Parteikongresses der KPR 1921 zum «Kronstadter Aufstand».[21] Dieser richtete sich im Namen einer «Dritten Revolution» gegen die «kommunistische Autokratie». Von den Aufständischen wurden «frei gewählte Sowjets» unter Zulassung aller sozialistischen Parteien und eine Umwandlung der «verstaatlichten Gewerkschaften» in «freie Organisationen der Arbeiter, Bauern und Intellektuellen» gefordert.

Die starken oppositionellen Strömungen und der Kronstadter Aufstand, der unter Beteiligung der Parteitagsdelegierten unter Führung Trotzkijs niedergeworfen wurde, hatten Lenin deutlich die Gefahren aufgezeigt, die der kommunistischen Einparteiherrschaft, die anfangs einen autoritären und nicht totalitären Charakter aufwies, drohten. Lenin hatte bis dahin die

Auffassung vertreten, dass die Partei die ihr zufallende Herrschaftsfunktion nur erfüllen könne, «wenn sie möglichst zentralistisch organisiert ist, wenn in ihr eiserne Disziplin herrscht, die an militärische Disziplin grenzt, und wenn ihr Parteizentrum ein mit Machtbefugnissen ausgestattetes autoritatives Organ mit weitgehenden Vollmachten ist».[22] Diese Grundsätze allein genügten ihm seit der Auseinandersetzung mit der «Arbeiteropposition» und der Gruppe «demokratischer Zentralismus», welche die Stellung der Gewerkschaften und der Sowjets stärken wollten, nicht mehr. Er veranlasste daher den X. Parteitag, das Organisationsprinzip der «monolithischen Einheit» zu billigen, das eine Fraktions- und Gruppenbildung in der Partei, die bis dahin zulässig war, verbot.[23] Seit dem X. Parteitag trat Lenin auch in stärkerem Masse für periodische Säuberungen, die einen individuellen Charakter haben sollten, ein. Er forderte ausserdem eine Verbesserung des Kontaktes mit den Massen und damit verbunden eine verstärkte Bekämpfung der Bürokratisierung des Partei- und Staatsapparats.

Während des Bürgerkrieges hatte sich die bolschewistische Partei die bedingte Unterstützung von Teilen der im Zustand der Halblegalität verharrenden sozialistischen Parteien gesichert.[24] Daraufhin waren im November 1918 die «loyalen Menschewisten» und im Februar 1919 jene Sozialrevolutionäre, die bereit waren, der «äusseren und inneren Konterrevolution» abzusagen, wieder in das Zentrale Exekutivkomitee, das höchste Exekutivorgan der Sowjets, aufgenommen worden. Die Möglichkeit der Errichtung von Gefolgsparteien der KPR war damit durchaus gegeben. Das Risiko einer solchen Entwicklung erschien Lenin offenbar zu gross und widersprach auch seiner Vorstellung von einem kommunistischen Einparteistaat. Nach dem Kronstadter Aufstand setzte er daher der bisherigen Duldung nichtkommunistischer Parteien, von einzelnen Vertretern in lokalen Sowjets abgesehen, ein Ende. Zahlreiche nichtkommunistische Politiker wurden nach dem X. Parteitag verhaftet und in den Hohen Norden, nach Sibirien und Zentralasien verschickt.

III. Die Herausbildung eines totalitären Einparteistaates unter Stalin

Durch die bolschewistische Machtergreifung wurde die Russische Revolution in eine ganz bestimmte Richtung abgedrängt. Diese Wendung war in keiner Weise zwangsläufig. Sie wurde aber durch Faktoren begünstigt, die durch den besonderen historischen Werdegang Russlands bedingt waren. In sehr viel stärkerem Masse war die Entwicklung zum Stalinismus in bestimmten Eigenheiten des Leninismus, die eine klare Abweichung vom ursprünglichen Marxismus darstellten, wie z. B. in der Einparteiherrschaft und ihrer ideologischen Begründung, angelegt.

Das Wesen und die Eigenart der sowjetischen Staats- und Gesellschaftsordnung ist durch die tiefgehenden sozialstrukturellen Wandlungen der Jahre 1928/29 bis 1938/39, die ihr Urheber als «Revolution von oben» bezeichnet hat, sehr viel stärker bestimmt worden als durch die Oktoberrevolution. Die revolutionäre Umwälzung mit Hilfe der Staatsmacht sollte zur vollen Herausbildung der bei Lenin im Ansatz vorhandenen totalitären Wesenszüge der Einparteiherrschaft führen.

Die Notwendigkeit einer zweiten bolschewistischen Revolution ist von Stalin bereits 1926 dadurch begründet worden, dass er einen qualitativen Unterschied zwischen einem bürgerlichen und einem proletarischen Revolutionstyp feststellte:[25]

«Die Hauptaufgabe der bürgerlichen Revolution besteht darin, die Macht zu ergreifen und sie mit der vorhandenen bürgerlichen kapitalistischen Ökonomie in Einklang zu bringen, während die Hauptaufgabe der proletarischen Revolution darin besteht, nach der Machtergreifung eine neue, die sozialistische Ökonomik aufzubauen. Die bürgerliche Revolution wird gewöhnlich mit der Machtergreifung *abgeschlossen,* während die Machtergreifung in der proletarischen Revolution erst ihr *Anfang* ist, wobei die Macht als Hebel für den Umbau der alten Ökonomik und die Organisierung der neuen benutzt wird.»

Stalin hat mit diesen Worten Marx gleichsam auf den Kopf gestellt.[26] Nach Marx konnte eine neue Staats- und Gesellschaftsordnung nur aus einer wirklichen Volksrevolution, das heisst einer «Revolution von unten», hervorgehen. Der politisch-ideologische Überbau, dessen Kernstück der Staat bildete, hatte sich der neuen Sozialstruktur des ökonomischen Unterbaus anzupassen. Nach Stalin war eine kleine herrschende Gruppe, sofern sie im Besitz der richtigen Erkenntnis war, legitimiert, die Gesellschaft mit Hilfe der Staatsmacht nach ihrem Bilde zu formen. In der Praxis bedeutete dies, dass die herrschende Gruppe ihre bisherige soziale Basis durch eine andere auswechselte. An die Stelle der meist intellektuellen Berufsrevolutionäre und der Arbeiter, die einen relativ hohen Anteil an der Parteimitgliedschaft stellten, traten bürokratische Politiker und Administatoren sowie eine «neue Intelligenz».

Die revolutionäre Umgestaltung der bestehenden gesellschaftlichen Verhältnisse, wie sie sich infolge der Oktoberrevolution und der Neuen Ökonomischen Politik herausgebildet hatten, wurde in zwei Etappen vollzogen, wobei das Jahr 1934 die entscheidende Zäsur darstellte. Die planökonomische «Revolution von oben» auf vollsozialisierter Grundlage in Verbindung mit der forcierten Industrialisierung und Zwangskollektivierung stand im Mittelpunkt des ersten Abschnittes, der mit der «Grossen Säuberung» verbundene Kampf Stalins um die Alleinherrschaft ist für den zweiten Abschnitt kennzeichnend gewesen. Durch diesen zusammenhängenden Prozess wurde nicht nur eine ökonomische Entwicklung nachvollzogen, die nach der ursprünglichen marxistischen Konzeption aus dem Kapitalismus hervorgehen sollte, sondern auch ein autokratisch-totalitäres Herrschaftssystem errichtet, das viele Traditionen des alten zaristischen Russland neu belebte. Insofern ist es durchaus berechtigt, Stalins «Revolution von oben» einerseits «Ersatzkapitalismus» und anderseits «Ersatzbonapartismus» zu nennen. Die Veränderungen im politisch-ideologischen Überbau haben sich dabei auf die soziale Struktur der Sowjetgesellschaft in keinem geringeren Masse ausgewirkt als die tiefgehenden Wandlungen, denen der ökonomische Unterbau unterworfen wurde.

Der Umbruch, der durch Stalins «Revolution von oben» bewirkt wurde, ist wesentlich durch seine totalitäre Auslegung und Weiterentwicklung der Parteilehre Lenins gefördert worden. Die mechanistische Staatskonzeption Lenins[27] ist von ihm dabei noch wesentlich verstärkt worden. In diesem Sinne ist er in seiner Schrift «Zu den Fragen des Leninismus» (1926) auf die «führende Rolle» der 1925 in Kommunistische Partei der Sowjetunion (Bolschewisten KPdSU [B]) umbenannten Partei und die Struktur des «Mechanismus der Diktatur des Proletariats» näher eingegangen.[28] Aus seinen Ausführungen ging die diktatorische, das gesamte öffentliche Leben total beherrschende Stellung der KPdSU, welche die staatlichen und gesellschaftlichen Organisationen als Herrschaftsmittel benutzt, deutlich hervor.

Stalin bezeichnete die Partei als «die grundlegende führende Kraft im System der Diktatur des Proletariats». Als «höchste Form der Klassenorganisation» verwirklicht sie allein die Diktatur des Proletariats. Sie tut dies aber nicht unmittelbar, sondern mit Hilfe von Massenorganisationen, die ihr als «Transmissionen» und «Hebel» zur Lenkung der Volksmassen dienen.

Für Stalin ist die Partei als «die grundlegende führende Kraft im System der Diktatur des Proletariats» im alleinigen Besitz des Machtmonopols. Die «Diktatur des Proletariats» wird nur durch sie als die richtunggebende Kraft verwirklicht. Sie tut dies aber nicht unmittelbar, sondern mit Hilfe der staatlichen und gesellschaftlichen Organisationen, die um sie als den «Kern der Macht» gruppiert sind. Zu den letzteren gehören Massenorganisationen, wie die Gewerkschaften, der Komsomol usw., die «Transmissionen» oder «Hebel» genannt werden. Ihre Aufgabe ist es, den Willen der Partei auf die einzelnen Teile der Bevölkerung zu übertragen sowie zur gleichen Zeit die Vorstellung zu erwecken, als ob die Partei vom Vertrauen der Massen getragen sei. Von Stalin ist gleichzeitig die autoritäre Seite des Organisationsprinzips des «demokratischen Zentralismus», das zum ersten Mal im Parteistatut von 1934 näher definiert wurde,[29] in Verbindung mit einer sehr engen Auslegung des Prinzips der «monolithischen Einheit» besonders betont worden. Diese Auslegung bedeutet, dass aufgrund des hierarchischen Aufbaus der Partei die Entscheidungen der Parteispitze für alle unteren Organe wie bei einer Armee Befehle darstellten, die bedingungslos auszuführen waren. Nachdem die Beschlüsse der obersten Parteigremien gefasst waren, besass die unterlegene Minderheit kein Recht, ihre Auffassung weiter zu vertreten und damit die Diskussion über die strittigen Fragen fortzuführen.

Wichtig ist, dass durch die grosse Verwaltungsreform von 1934[30] der «demokratische Zentralismus» in seiner totalitären Auslegung auch zum bestimmenden Organisationsprinzip der Sowjets und damit des Staatsapparates erhoben wurde und seitdem auch für die anderen Teile des «Systems der Diktatur des Proletariats» verbindlich war. Ausserdem wurde durch die Einführung des produktions-territorialen Prinzips die dualistische Struktur des Sowjetstaates klarer herausgearbeitet und dem hauptamtlichen Parteiapparat eine bessere Möglichkeit geboten, auf den Staatsapparat einzuwirken.

Eine fast noch grössere Bedeutung als der stalinistischen Auslegung der von Lenin aufgestellten Parteigrundsätze kam in der zweiten Etappe der «Revolution von oben» der Einführung des «Führerprinzips» zu. Erst dadurch wurde die Entstehung eines autokratisch-totalitären Herrschaftssystems in der Sowjetunion, die in Verbindung mit dem Führerkult und dem Massenterror das besondere Wesen des Stalinismus ausmachte, möglich.

Unter Lenin galt in der Partei und im Staat das Organisationsprinzip der «kollektiven Führung».[31] Es bedeutete, dass die Beschlüsse durch Kollegien getroffen wurden, die auch eine gemeinsame Kontrolle über die Durchführung ausübten. Aus dem Prinzip der «kollektiven Führung» ergab sich eine oligarchische Führungsstruktur, welche einer totalitären Entwicklung des diktatorischen Systems Grenzen setzte.

Die Gefahr, die mit dem Streben Stalins nach Alleinherrschaft verbunden war, ist von seinen anfänglichen Verbündeten frühzeitig richtig erkannt worden.

Auf dem XIV. Parteitag im Dezember 1925 erklärte Kamenew:[32] «Wir sind gegen die Schaffung einer 'Führer'theorie. Wir sind gegen die Aufstellung eines 'Führers' (woshd'). Wir sind dagegen, dass das Sekretariat durch die Vereinigung seiner politischen und organisatorischen Funktionen über der politischen Gesamtorganisation steht. Wir sind für eine Parteiverfassung, die die Vollmachten unserer höchsten Körperschaften (werchuschka) an das Politbüro überträgt, in dem alle politischen Führer unserer Partei vereinigt sind und das gleichzeitig das Sekretariat als das technische Ausführungsorgan der Beschlüsse der grösseren Körperschaft einsetzt.»

Er schloss mit den Worten: «Wir sind gegen die Theorie der Einmannherrschaft; wir sind gegen die Schaffung eines 'Führers'.»

Stalin liess sich durch diese Widerstände nicht beirren. Das in der Roten Armee bereits geltende Prinzip der einheitlichen Befehlsgewalt (jedinonatschalije), das heisst die Einmannleitung, wurde 1929 in der Industrieverwaltung und 1934 im Rahmen der Grossen Verwaltungsreform im gesamten politisch-staatlichen Bereich eingeführt. Stalin wurde auf dem XVII. Parteitag im Januar 1934 als «Woshd'» (Führer) gefeiert. Die von ihm angestrebte Stellung eines unbeschränkten Selbstherrschers setzte er aber erst mit Hilfe der Grossen Säuberung 1934 bis 1938,[33] von der auch zahlreiche seiner engsten Mitarbeiter betroffen wurden, durch. Sie ermöglichten es ihm nach der totalen, direktiven Planung auf staatssozialistischer Grundlage, auch eine totale «Kontrolle von oben» durchzusetzen.

Die bolschewistische Partei wurde durch diese Ereignisse einem tiefgehenden Funktions- und Strukturwandel unterworfen. In der Hülle des kommunistischen Einparteistaats bildete sich ein stalinistischer Führerstaat heraus, der trotz einer anderen ideologischen Grundlage viele gemeinsame Züge mit faschistischen Einparteistaaten aufwies, die ebenfalls auf dem Führerprinzip beruhten.

Es war bemerkenswert, dass die Herausbildung einer persönlichen Autokratie zu einem Zeitpunkt erfolgte, da die innere Staatsform in Gestalt des Einparteistaats zum ersten Mal in der Unionsverfassung der UdSSR, das heisst im geschriebenen Grundgesetz, verankert worden war.

Die herrschende Stellung der Partei wurde bis 1936 in den Sowjetverfassungen, die dem Grundgesetz der RSFSR vom 10. Juli 1918 nachgebildet worden waren, verschwiegen. «Wir werden von einer Partei regiert ..., von der unsere Verfassung schweigt, die aber nichtsdestoweniger das rechtliche und tatsächliche Wesen dieser Verfassung ausmacht», schrieb schon 1922 der sowjetische Staatsrechtler Gurwitsch.[34] Erst in der unter massgeblicher Beteiligung Stalins zustande gekommenen zweiten Unionsverfassung der UdSSR vom 5. Dezember 1936 ist die für die politische und rechtliche Ordnung des Sowjetstaates entscheidende Tatsache der Einparteiherrschaft an zwei Stellen eindeutig zum Ausdruck gebracht worden. In Art. 126 der noch heute geltenden Unionsverfassung wird im Einklang mit der Parteilehre Lenins festgestellt, dass die KPdSU «den führenden Kern aller Organisationen der Werktätigen, der gesellschaftlichen sowohl wie der staatlichen, darstellt».

Damit ist das Machtmonopol der Partei ausdrücklich im formellen Verfassungsrecht verankert und die Partei als selbständige Herrschaftsinstitution in das weitere staatliche Organisationsgefüge einbezogen worden.[35]

Seit dem Höhepunkt der Grossen Säuberung, bei der die nächsten Kampfgefährten Lenins, unter ihnen Sinowjew, Kamenew, Bucharin, Rykow und Tomskj, den Tod fanden, bildete die neue Unionsverfassung nur die Fassade für den stalinistischen Führerstaat. Der selbstherrliche Diktator und nicht die Partei bildete in dieser Zeit den politischen, wenn auch nicht den juristischen Kern der Macht.

Das Regime Stalins war ohne Zweifel eine echte Selbstherrschaft, da sie in der Verfassungswirklichkeit ihre Berufung nur aus sich selbst ableitete und ihre absolute Gewalt auf der Kontrolle mehrerer gleichwertiger Machtquellen gründete. Nach dem Zweiten Weltkrieg ist es besonders deutlich geworden, dass als Träger der letzten Entscheidungsgewalt und damit der Souveränität im Staate allein der selbstherrliche Diktator und die von ihm erkorenen Ratgeber anzusehen waren. Wirkten sie verfassungsrechtlich auch meist im Rahmen der Partei, so war doch ihre Macht so weit konsolidiert und unbeschränkt, dass sie auch gegen die Partei und notfalls ohne sie regieren konnten, so lange sie über die anderen Herrschaftsinstitutionen verfügten.

In diesem Zusammenhang ist historisch von Interesse, dass das besondere Kennzeichen der russischen Autokratie der vorpetrinischen Zeit bereits eine eigenartige Verbindung monokratischer und oligarchischer Züge war, wie sie im Verhältnis von Zar und Bojarenrat zum Ausdruck kam. Nach aussen waren der Herrscher (Gossudar') und die Bojaren gemeinsam die Repräsentanten der autokratischen Staatsgewalt, wenn auch die letzte politische Entscheidung allein dem Zaren zustand. In einer sehr ähnlichen Weise verkörperten Stalin als Inhaber des verfassungsrechtlich nicht verankerten Führeramtes und seine nächsten Mitarbeiter in ihrer Gesamtheit die Fülle der totalen Staatsgewalt in der Sowjetunion.

IV. Die Entwicklung des sowjetkommunistischen Einparteistaates unter Chruschtschow und seinen Nachfolgern

Die unumschränkte Selbstherrschaft Stalins beruhte auf dem Gleichgewicht von mehreren Herrschaftsinstitutionen: dem Parteiapparat, dem Staatsapparat im engeren Sinne, das heisst dem Regierungsapparat (einschliesslich der Wirtschaftsverwaltung), der Staatspolizei und der Armee. Die Partei behielt zwar ihren ideologischen Vorrang, war aber ihrer zentralen Machtstellung verlustig gegangen. Sie bildete jetzt selbst nur eine von mehreren «Transmissionen» und auch nur einen von vielen «Hebeln» im System der persönlichen Autokratie.

Unter den vier Machtsäulen fiel der Staatspolizei, die seit der Oktoberrevolution mehrfach ihren Namen geändert hat (Tschecka, GPU bzw. OGPU, NKWD-NKGB, MWD-MGB), eine Schlüsselstellung zu. Die Koordination wurde durch das Privatsekretariat des «Führers» (woshd') bewirkt, das in stärkerem Masse als das Parteisekretariat die eigentliche Schaltstelle der Macht bildete.

Nach dem Tode Stalins im März 1953 hat es Chruschtschow verstanden, eine Herrschaftsinstitution nach der anderen wieder der Kontrolle der Partei und damit des hauptamtlichen Parteiapparats zu unterwerfen. Die Einmannleitung, das heisst das Führerprinzip, wurde in der Partei abgeschafft und durch das «kollektive Führungsprinzip» ersetzt. An die Stelle des selbstherrlichen Diktators trat ein «Führerkollektiv», das durch die verbliebenen Vollmitglieder des ZK-Präsidiums gebildet wurde; dieses hatte auf dem XIX. Parteikongress der KPdSU im Oktober 1952 die Aufgaben des Polit- und des Organisationsbüros übernommen.

Die «Entstalinisierung» führte zu einer begrenzten Abkehr vom Stalinismus, die mit einer Reihe von institutionellen Veränderungen verbunden war.[36]

In den Parteigrundsätzen trat keine sichtbare Veränderung ein, wohl aber im Parteibegriff und in der Frage der zukünftigen Rolle der Partei.

Die entsprechende Revision der Parteilehre, die nicht ihren eigentlichen Kern betraf, ist durch die Volksstaatskonzeption Chruschtschows[37] verursacht worden. Dieser hat in Verbindung mit dem neuen Parteiprogramm der KPdSU von 1961 die These entwickelt, dass die «Diktatur des Proletariats» mit dem Beginn des von ihm 1959 verkündeten «umfassenden Aufbaus des Kommunismus» in der Sowjetunion «nach innen» abgestorben sei. Aus dem Sowjetstaat, der als proletarische Diktatur, das heisst als Klassenstaat, entstanden sei, wäre ein «Staat des gesamten Volkes» geworden. Infolge dieser Entwicklung habe sich die KPdSU aus einer Avantgarde der Arbeiterklasse zu einer Avantgarde des ganzen sowjetischen Volkes, zu einer «Partei des gesamten Volkes», gewandelt. Ausserdem vertrat Chruschtschow die These, dass die Partei auch nach dem Absterben des Staates in der klassenlosen Gesellschaft bestehen bleiben würde.

Chruschtschow ist mit dieser Revision der Parteilehre nicht nur bestrebt gewesen, den seit der «Revolution von oben» veränderten Klasseninhalt der Partei zum Ausdruck zu bringen. Er wollte zugleich die Rolle der Partei im Verhältnis zu den anderen Herrschaftsinstitutionen vergrössern und ihre unbeschränkte Macht für alle Zeiten sichern.

Diesem Zweck dienten auch seine Verwaltungsreformen von 1957 und 1962,[38] die faktisch zur Aufhebung des bisherigen dualistischen Aufbaus des sowjetischen Herrschaftssystems führten. Durch sie wurden die Einwirkungsmöglichkeiten der Partei auf die Wirtschaft wesentlich erhöht, andererseits ihr damit ein Auftrag erteilt, dem sie in fachlicher Hinsicht nicht gewachsen war und der sie von ihren eigentlichen politischen Aufgaben ablenkte. Ausserdem wurden damit innerhalb des Parteiapparats pluralistische Kräfte freigesetzt, welche die Durchführung der Direktiven der Moskauer Parteizentrale behinderten.

Die zahlreichen Reformmassnahmen Chruschtschows führten nur zu einer begrenzten Auflockerung des von Stalin hinterlassenen autokratisch-totalitären Herrschaftssystems.[39] Sie waren nur Teilzugeständnisse an die Realität und liessen sich mit der NEP-Politik Lenins und den Vorstellungen der osteuropäischen Reformkommunisten in keiner Weise vergleichen. Sie mussten aber bei der herrschenden Hochbürokratie Befürchtungen wecken, die wesentlich zu seinem Sturz beigetragen haben.

Die «Entstalinisierung» ist unter seinen Nachfolgern wesentlich eingeschränkt und der institutionelle Aufbau des Einparteistaates, wie er für die Stalin-Ära charakteristisch gewesen ist, wiederhergestellt worden. Als symbolisch ist die auf dem XXIII. Parteikongress der KPdSU im März/April 1966 erfolgte Umbenennung des ZK-Präsidiums in Politbüro und die Wiederherstellung der Bezeichnung Generalsekretär für den Ersten Sekretär anzusehen.

Am «kollektiven Führungsprinzip» wird seit dem Sturz Chruschtschows im verstärkten Masse festgehalten. Infolgedessen ist es Breshnew als Generalsekretär nicht gelungen, die gleiche dominierende Stellung wie Chruschtschow, der die höchsten Partei- und Staatsämter in einer Hand vereinte, zu gewinnen.[40]

Bereits vor dem XXIII. Parteitag wurde deutlich erkennbar, dass die Nachfolger Chruschtschows eine orthodoxe Linie in der Staats- und Parteilehre einzuschlagen gedachten. Von den sowjetischen Ideologen und Juristen ist der «Staat des gesamten Volkes» nunmehr als eine höhere Stufe der fortbestehenden «Diktatur des Proletariats» dargestellt worden.[41] Daher wird die Hegemonie der Arbeiterklasse in Verbindung mit der «Partei des gesamten Volkes» stärker betont. Die These von der Unsterblichkeit der Partei ist dagegen in den Hintergrund getreten.

Mit dieser Hervorkehrung der diktatorischen Züge des Staates der «entwickelten» und «reifen» sozialistischen Gesellschaft soll offenbar eine stärkere Bindung der Sowjetgesellschaft an den kommunistischen Einparteistaat erreicht werden. Diesem Zweck dient auch die ständige Betonung der «führenden Rolle der Partei», die sich nach der Intervention in der Tschechoslowakei im August 1968 noch wesentlich verstärkt hat.[42]

V. Die verschiedenen Erscheinungsformen des kommunistischen Einparteistaates und der fortbestehende Totalitarismus in der Sowjetunion

Das autokratisch-totalitäre Herrschaftssystem in seiner despotischen stalinistischen Entartung bildete das Vorbild für die kommunistische Einparteiherrschaft, die in den «Volksdemokratien» nach dem Zweiten Weltkrieg errichtet worden ist. Sie ist grösstenteils, wie dies zum Beispiel in der sowjetischen Besatzungszone Deutschlands der Fall war, gewaltsam den von der Sowjetunion ganz oder teilweise besetzten Ländern aufgezwungen worden. Da auch die «Rezeption» der sowjetischen Parteilehre im Zeichen des Spätstalinismus erfolgte, war sie mit dem «Führerprinzip» und den stalinistischen Herrschaftsmethoden verbunden. Eine von der sowjetischen abweichende Entwicklung war nur in jenen Ländern möglich, die sich auf eigenständige nationalkommunistische Kräfte stützen konnten. Es hat sich dabei im osteuropäischen Bereich gezeigt, dass sich die reformkommunistischen Auffassungen von der Partei, wie sie vor allem in Jugoslawien und kurzfristig in der Tschechoslowakei entwickelt worden sind,[43] wesentlich von der orthodox-kommunistischen Parteilehre, an der die Sowjetunion festhält, unterscheiden.

Der Reformkommunismus, der von sowjetischer Seite als «rechter Revisionismus» bezeichnet wird, lässt erkennen, dass der Kommunismus, besonders wenn ein Rückgriff auf Marx und Engels erfolgt, durchaus wandlungsfähig ist. Der Reformkommunismus strebt eine freiheitliche Gestaltung des Verhältnisses von Partei, Staat und Gesellschaft an. Er ist nicht der Auffassung, dass die Partei allwissend und unfehlbar ist. Er stellt infolgedessen ihre Berechtigung in Frage, sich in alle Lebensbereiche der Gesellschaft einzumischen. Er ist daher bereit, der Gesellschaft und dem einzelnen Bürger eine grössere autonome Sphäre auf Kosten der Allmacht des Einparteistaates zuzugestehen.

Die Erfahrung mit dem Sowjetkommunismus in seiner orthodoxen bzw. etatistischen Gestalt einerseits und den besonderen Ausprägungen des Reformkommunismus andererseits lässt den Schluss zu, dass ein kommunistischer Einparteistaat verschiedene Erscheinungsformen aufweisen kann. Es ist möglich, zwischen einem totalitären, einem autoritären und einem konstitutionellen Einparteistaat und entsprechenden Übergängen zwischen diesen drei Haupttypen zu unterscheiden. Der autoritäre Einparteistaat weicht vom totalitären Einparteistaat darin ab, dass er einen «institutionellen Pluralismus»,[44] verbunden mit einer Art Basisdemokratie, aufweist. Tito-Jugoslawien ist ein Beispiel für diesen Typ des Einparteistaates. Das besondere Merkmal des konstitutionellen Einparteistaates, der infolge der gewaltsamen Unterbrechung des tschechoslowakischen Experiments nicht zustande gekommen ist, bildet die Beschränkung und Bindung der Einparteiherrschaft an das Recht und ein höherer Demokratisierungsgrad im Verhältnis von Partei, Staat und Gesellschaft.

Im Rahmen der tschechoslowakischen Reformbewegung ist auch das Modell eines Parteienstaates auf sozialistischer Grundlage vertreten worden. Ein solches Modell würde über den Kommunismus hinausführen, für den die Einparteiherrschaft, gleich in welcher Form, seit der Oktoberrevolution konstitutiv ist. Dies gilt erst recht für die demokratische Variante des Reformkommunismus,[45] wie sie neuerdings von einem Teil der westeuropäischen Kommunisten vertreten wird, wenn sie ernst und nicht nur taktisch gemeint wäre.

Es ist eigenartig, dass in der Diskussion darüber, wie das Sowjetsystem seit Stalins Tod zu charakterisieren sei und ob der sei oder nicht, der Ausgangspunkt — dass es sich bei der Sowjetunion in jedem Fall um einen Einparteistaat handelt — nicht genügend beachtet wird. Wenn man sich den Blick für die Entwicklungsmöglichkeiten eines solchen Staates freihalten will, sollte man zwischen seinen oben geschilderten drei Erscheinungsformen klar unterscheiden und nicht einfach den Begriff des Totalitarismus beiseite schieben, ohne an seine Stelle einen gleichwertigen Begriff zu setzen.[46] Weder ist der sowjetkommunistische Totalitarismus mit einer «permanenten Revolution von oben», die es nur zeitweilig in der Sowjetunion gegeben hat, noch allein mit einem «Mobilisierungssystem» gleichzusetzen, das nicht unbedingt revolutionär sein muss.[47] Auch die Beschränkung auf den zentralistisch-bürokratischen Charakter des Sowjetsystems dürfte für die Ablehnung des sehr viel weitergespannten Totalitarismusbegriffs nicht genügen.[48]

Sicher ist die heutige Sowjetunion als eine Einheitsorganisation (mono-organization) anzusehen,[49] doch ist damit nur eines der charakteristischen Merkmale der totalitären Erscheinungsform des Einparteistaates aufgezeigt. Dagegen dürfte das Modell einer «gelenkten Gesellschaft» (directed society)[50] zu allgemein sein und in Abstufungen für alle Erscheinungsformen des Einparteistaates gelten. Auch die These, dass es sich bei der Sowjetunion heute um eine Gesellschaft handeln würde, die durch «oligarchische Versteinerungen» (oligarchic petrification) gekennzeichnet sei, dürfte nur wenig zur vollständigen Erfassung des bestehenden politischen Systems beitragen.[51]

Vor allem erscheint es wichtig, darauf hinzuweisen, dass es sich beim Stalinismus insofern nicht um die normale totalitäre Erscheinungsform des Einparteistaates gehandelt hat, als er zur Herausbildung eines «Führerstaates» im Rahmen des Einparteistaates geführt hat, zu einer persönlichen Autokratie, die sich von der institutionalisierten Autokratie wesentlich unterscheidet. Zum Führerkult und zu der Tendenz zur Ständegesellschaft trat der Massenterror, der für ein Einparteisystem totalitären Typs keineswegs charakteristisch ist. Ein totalitärer Einparteistaat, der auf dem Staatseigentum an Produktionsmitteln beruht, das heisst im Rahmen einer zentralen Verwaltungswirtschaft im Grunde den alleinigen Unternehmer darstellt,[52] von dem alle Arbeitnehmer abhängig sind, ist auf den Massenterror nicht angewiesen. Nicht ein extremer Terror wie in der Stalin-Ära, sondern das Bestreben, die ganze Gesellschaft zu durchdringen und ihre einzelnen Teile einer umfassenden Kontrolle und Planung zu unterwerfen, das zwecks seiner Durchsetzung mit einem «dosierten Terror» verbunden ist, dürfte als der grundlegende Wesenszug des totalitären Einparteistaates anzusehen sein.

Die «Entstalinisierung» hat unter Chruschtschow zu einer begrenzten Liberalisierung[53] des bestehenden Herrschaftssystems geführt. Auf der anderen Seite hat er versucht, den Staatsabsolutismus Stalins durch einen Parteiabsolutismus zu ersetzen. Unter seinen Nachfolgern hat sich ein Regime herausgebildet, das teilweise neo-stalinistische Züge aufweist und einer weiteren Auflockerung Grenzen gesetzt hat.[54] Die Ansätze zu einem Elitenpluralismus sind dabei nicht beseitigt, sondern teilweise gefördert worden. Durch diese Entwicklung sind bemerkenswerte Veränderungen in dem politischen System der Sowjetunion bewirkt worden, die aber keinen entscheidenden Strukturwandel zur Folge gehabt haben. Dies ist vor allem daraus zu ersehen, dass die drei Strukturelemente, die für die totalitäre Erscheinungsform des kommunistischen Einparteistaates charakteristisch sind, zwar in begrenztem Masse modifiziert, im übrigen aber erhalten geblieben sind.

1. *Die absolute Parteidiktatur*

Das Machtmonopol der KPdSU, das in der geltenden Bundesverfassung von 1936 verankert ist, besteht in seiner unbeschränkten Form weiter fort. Es kommt vor allem darin zum Ausdruck, dass die Regierungs- und Organisationsgewalt, welche das Parteipatronat auf der Grundlage des Nomenklatur-Systems[55] und das Informationsmonopol einschliesst, in erster Linie von den Führungsgremien der Partei ausgeübt wird.[56] An dem System der absoluten Parteidiktatur, dem autokratischen Aufbau der Partei und den ihm zugrundeliegenden autoritär-totalitären Organisationsprinzipien hat sich unter den Nachfolgern Stalins nichts geändert. Alle Vorschläge, die auf eine Abschaffung des Organisationsprinzips der «monolithischen Einheit» und damit auf die Zulassung einer Fraktions- und Gruppenbildung innerhalb der Partei gerichtet waren, sind entschieden zurückgewiesen worden. Die schüchternen Versuche einer Belebung der «innerparteilichen Demokratie», wie sie von Chruschtschow unternommen wurden, sind über einige Ansätze nicht hinausgekommen. Das Turnussystem, das einen Teil der Parteiführung in bestimmten Zeitabständen auswechselte, ist nach dem Sturz Chruschtschows abgeschafft worden. Damit ist dem Parteivolk die Möglichkeit, in begrenztem Masse die Parteipolitik zu beeinflussen, genommen worden. Diese Entwicklung ist ebenso wie die Aufhebung der Zweiteilung der Parteiorganisation und die Wiederherstellung der Rayonkomitees vom hauptamtlichen Parteiapparat begrüsst worden, der in diesen Reformen Chruschtschows eine Gefährdung seiner Machtstellung erblickte.

Durch die Unterordnung der anderen Herrschaftsinstitutionen unter die Partei ist von Chruschtschow die Schlüsselstellung des hauptamtlichen Parteiapparates im vollen Umfange wiederhergestellt worden. Durch die oligarchische Struktur der Führungsspitze ist diese Stellung teilweise beschränkt, nicht aber grundsätzlich in Frage gestellt worden. Ausserdem wurde durch die auf dem XXIII. Parteitag 1966 erfolgte Restaurierung des Politbüros und des Amtes eines Generalsekretärs die Festigung der absoluten Parteidiktatur mit Hilfe von Institutionen herbeigeführt, die vor allem für die Stalin-Ära typisch gewesen sind. Breshnew hat auf dem XXIV. Parteitag 1971 und dem XXV. Parteitag 1976 die Führungsrolle der Partei und damit des hauptamtlichen Parteiapparats in Staat und Gesellschaft besonders betont.[57]

2. *Die totale Kontrolle*

An die Stelle der von Lenin angestrebten Kontrolle durch die Volksmassen «von unten», die ein wesentliches Merkmal seiner Demokratiekonzeption war,[58] ist unter Stalin eine umfassende Kontrolle «von oben» getreten. Diese totale Kontrolle erstreckt sich nicht nur auf alle gesellschaftlichen und staatlichen Organisationen, sondern auch auf alle Massenmedien und die damit verbundenen Informationsmöglichkeiten, wobei der Zensur eine besondere Bedeutung zukommt.

Im Rahmen eines vielgestaltigen Kontrollsystems fiel der Staatspolizei unter der Selbstherrschaft Stalins die zentrale Rolle zu. Besondere Bedeutung kam ferner der Partei- und Staatskontrolle sowie der Staatsanwaltschaft zu. Daneben wurden von den Kader- und Agitpropabteilungen der KPdSU wichtige Kontrollfunktionen ausgeübt. Fainsod hat mit Recht von einem «System des institutionalisierten Misstrauens» gesprochen.

Die Entwicklung seit dem Tode Stalins ist durch das Bestreben seiner Nachfolger gekennzeichnet gewesen, die totalitäre Einparteiherrschaft unter Beibehaltung der umfassenden Kontrolle «von oben» an die veränderte innere Situation anzupassen und dabei einen bestimmten Grad gesellschaftlicher Spontaneität zuzulassen. Die Bereitschaft Chruschtschows zu einer Dezentralisierung der Staats- und Wirtschaftsverwaltung, die in seinen grossen Verwaltungsreformen von 1957 und 1962 zum

Ausdruck kam, war bezeichnenderweise mit der Schaffung einer einheitlichen Partei- und Staatskontrolle und dem dadurch herbeigeführten Ausbau des bestehenden Kontrollsystems verbunden. Nach seinem Sturz ist die Parteikontrolle von der Staatskontrolle, die in «Volkskontrolle» umbenannt wurde, wieder getrennt worden.[59] Eine Verminderung der Kontrolle hat dadurch nicht stattgefunden. Durch eine Änderung des Parteistatuts hat es Breshnew auf dem XXIV. Parteitag erreicht, dass die Parteikontrolle auf jene wirtschaftlichen und kulturellen Bereiche ausgedehnt worden ist, die bisher in erster Linie der Kontrolle der Staatsorgane unterstanden.[60]

Die Entwicklung der letzten Jahre hat gezeigt, dass die KPdSU den Anspruch auf eine Bevormundung der Gesellschaft durch eine totale Kontrolle im Innern und eine weitgehende Abschliessung nach aussen weiter aufrechterhält. Wenn dieser Anspruch sich nicht im vollen Umfange verwirklichen lässt, so liegt dies teils an der Weite des Raumes und dem besonderen Charakter der Sowjetunion als eines Vielvölkerstaates, teils daran, dass sich inzwischen Subsysteme in der Sowjetgesellschaft herausgebildet haben, die von den Kontrollorganen schwieriger zu beaufsichtigen sind.

3. *Die totale Planung*

Die Planung ist in der Sowjetunion bestrebt, ebenso wie die Kontrolle alle gesellschaftlichen Lebensbereiche zu erfassen. Sie ist mit dem Gedanken einer Erziehungsdiktatur verbunden, der bei Lenin besonders ausgeprägt war. Die totale, direktive Planung hat die planmässige Umformung der bestehenden «sozialistischen Gesellschaft», die nur als ein Durchgangsstadium zum Vollkommunismus angesehen wird, entsprechend dem ideologischen Leitbild zum Ziel. Ausgehend von der totalen Verplanung des Sowjetbürgers wird die Schaffung eines neuen kommunistischen Menschen angestrebt. Gemäss seiner eigenen Verabsolutierung beansprucht der totalitäre Einparteistaat dabei eine Verfügungsgewalt nicht nur über das öffentliche, sondern in weitgehendem Masse auch über das private Leben. Eine Dimension des Sowjetbürgers, die ihn über den totalen Staat hinaushebt, und damit eine Bestandsgarantie der Grundrechte[61] wird nicht anerkannt.

Der gesteuerte soziale Strukturwandel erfolgt vorwiegend auf evolutionärem Wege, das heisst mit Hilfe ideologischer Lenkung und erzieherischer Mittel. Revolutionäre Eingriffe «von oben» sind nur ausnahmsweise vorgesehen. Gemeinsam ist allen sozialen Umgestaltungen ihr planmässiger Charakter. Insofern ist die auf das Endziel ausgerichtete totale Planung, die mit einer Mobilisierung der werktätigen Bevölkerung verbunden ist, und nicht eine «permanente Revolution von oben» das besondere Merkmal des totalitären orthodox-kommunistischen Systems. In dem permanenten Charakter des sozialen Strukturwechsels, der durch die totale Planung bewirkt werden soll, liegt die Rechtfertigung für das unbeschränkte Machtmonopol der Partei und die von ihr ausgeübte totale soziale Kontrolle.

Infolge der besonderen Bedingungen der Sowjetunion wird sich der Anspruch der KPdSU auf eine totale Planung der Gesellschaft niemals im vollen Umfange verwirklichen lassen. Die angestrebte totale Planung wirkt sich am stärksten im wirtschaftlichen Bereich aus. Durch die Wirtschaftsreform von 1965, die auf die Initiative Kossygins zurückgeht, ist sie nur in begrenztem Masse eingeschränkt worden. Breshnew ist durch eine Rückkehr zu einer «Kommandowirtschaft» bemüht, die zentrale Planung zu verstärken. Die Intensivierung der ideologischen Schulung soll gleichzeitig dazu dienen, die Arbeitsmoral und das politische Bewusstsein der Sowjetbürger auf der Grundlage des «Sowjetpatriotismus» und des «proletarisch-sozialistischen Internationalismus» zu heben, um damit die moralischen Antriebe für die Realisierung der weitgespannten Planziele zu verstärken.

Zusammenfassend lässt sich feststellen, dass sich das politische System der Sowjetunion seit dem Tode Stalins in mancherlei Hinsicht verändert hat, ohne dass es dabei seinen totalitären Charakter eingebüsst hat. Die gegenwärtige Gestalt der drei Strukturelemente, die für die totalitäre Erscheinungsform eines kommunistischen Einparteistaates kennzeichnend sind, lässt erkennen, dass von einer posttotalitären Entwicklungsphase des Sowjetstaates und der Sowjetgesellschaft vorläufig noch keine Rede sein kann. Es lässt sich auch nicht von der Absage an die «permanente Revolution von oben», die bereits unter Stalin erfolgt ist, auf das Ende des Totalitarismus schliessen.[62] Die KPdSU ist bestrebt, die Mobilisierungsfunktion unter Beibehaltung der prinzipiell revolutionären ideologischen Zielsetzung auf evolutionärem Wege mit Hilfe der Staatsmacht zu verwirklichen.[63]

Ein Übergang vom totalitären zu einem freieren autoritären System setzt dreierlei voraus:[64]

1. eine wesentliche Beschränkung der Parteidiktatur, die eine Selbstbeschränkung sein kann, wie sie in Jugoslawien praktiziert wird und in der Tschechoslowakei in noch stärkerem Umfange angestrebt wurde. Sie kann mit der Zeit durch starke soziale Kräfte, die für eine fortschrittliche Entwicklung eintreten, erzwungen werden;
2. eine Freigabe von grossen Bereichen der Gesellschaft von der Kontrolle «von oben», insbesondere ein Verzicht auf die totale Beherrschung der Massenmedien, unter Beibehaltung der Konzentration der eigentlichen politischen Macht bei der Partei, verbunden mit einem allmählichen in Richtung Übergang eines «konstitutionellen Einparteistaates»;
3. eine Rahmenplanung, die sich an den gesellschaftlichen Bedürfnissen der Gegenwart orientiert und sich nicht auf grössere autonome Bereiche des öffentlichen und privaten Lebens erstreckt, verbunden mit einer «sozialistischen Marktwirtschaft».

Diese Bedingungen sind in der Sowjetunion vorläufig nicht gegeben. Nur beim dritten Punkt liegen aufgrund der Wirtschaftsreform erste Ansätze einer Neuorientierung vor.

Sicher ist es nicht richtig, die soziale Dynamik in einer totalitär verfassten Gesellschaft nur als einen von der Partei eingeleiteten und gesteuerten Prozess zu sehen. Solange aber die Parteiführung mit Hilfe des hauptamtlichen Parteiapparates den Willen und die Kraft hat, die autonomen sozialen Prozesse und die von ihr selbst in bestimmtem Grade geförderte gesellschaftliche Spontaneität unter Kontrolle zu halten, bleibt die Gesellschaft — trotz einer gewissen Auflockerung — der totalitären Herrschaft unterworfen. Es wäre auch kaum richtig anzunehmen, dass die herrschende totalitäre Partei allein aufgrund von «Schwankungen des Sanktionsvollzuges» zu einer «autoritären Partei» wird.[65] Tatsächlich haben wir es in der Sowjetunion mit den Bemühungen der Parteiführung zu tun, die totalitäre Herrschaft stärker zu rationalisieren und den Gegebenheiten einer modernen Industriegesellschaft besser anzupassen.

VI. Der bürokratische Charakter der totalitären Einparteiherrschaft und die Anfänge einer „demokratischen Opposition“

Vom Standpunkt der politischen Gesamtverfassung der UdSSR bedeutet die in der normativen Verfassung festgelegte Einparteiherrschaft in erster Linie die Herrschaft durch den hauptamtlichen Parteiapparat. Mit Recht hat Merle Fainsod die Schaffung eines schlagkräftigen Parteiapparats, der mit seinem Netz von Parteisekretären das öffentliche Leben der Sowjetunion bis zum letzten Winkel durchdringt, als «eine der eindrucksvollsten und schrecklichsten organisatorischen Leistungen des modernen Totalitarismus» bezeichnet.[66]

Neben dem Parteiapparat sollte aber die Machtstellung der anderen Herrschaftsinstitutionen im autokratisch-totalitären Herrschaftssystem der Sowjetunion nicht unterschätzt werden. Ihre Bedeutung ist nach dem Sturz Chruschtschows und der Aufhebung seiner Verwaltungsreformen wesentlich gewachsen. Die Wirtschaftsverwaltung ist wieder eng mit dem Regierungsapparat verbunden. Gleichzeitig hat sich die Machtstellung der Staatspolizei (MWD-KGB) und vor allem der Armee weiter gefestigt.

Die beschleunigte Aufrüstung der Sowjetarmee, die Einführung komplizierter Waffensysteme und die Übertragung der militär-politischen Erziehung an die Streitkräfte hat das politische Gewicht der Militärs, die keineswegs eine monolithische Einheit bilden, wesentlich erhöht.

Aufgrund dieser Entwicklung hat sich ein relatives Gleichgewicht zwischen dem Partei- und dem Staatsapparat herausgebildet. Trotzdem weist das gegenwärtige Herrschaftssystem gegenüber dem stalinistischen wesentliche Unterschiede auf. Erstens bildet die Staatspolizei heute keinen «Staat im Staate» mehr. Zweitens erfolgt die Koordination der vier Machtsäulen nicht durch einen selbstherrlichen Diktator mit Hilfe eines eigenen Machtapparates in Gestalt eines eigenständigen Privatsekretariats, sondern durch ein «Führerkollektiv», das sich dazu der verfassungsmässigen Einrichtungen des Einparteistaates bedient. Drittens liegt eine völlige Gleichschaltung des Partei- und des Staatsapparates durch die Verbindung des Generalsekretärsamtes mit einem der beiden höchsten Staatsämtern vorläufig nicht vor.

Infolge des Vorranges des Parteiapparates gegenüber den anderen Herrschaftsinstitutionen kommt dem Inhaber des Generalsekretärsamtes, wie der Personenkult um Breshnew zeigt, zwangsläufig das grössere Gewicht zu. Ausserdem zeigt die geschichtliche Erfahrung, dass dem autokratisch-totalitären Herrschaftssystem die Tendenz zur Einmannherrschaft immanent ist. Die Bemühungen Breshnews, dieser Tendenz zum Durchbruch zu verhelfen, haben bisher keinen Erfolg gehabt, da sich die Anhänger des «kollektiven Führungsprinzips» und damit einer oligarchischen Struktur der Führungsspitze als zu stark erwiesen haben.[67] Die Vollmitglieder des Politbüros, die das «Führerkollektiv» bilden, stellen faktisch eine oberste Partei- und Staatsführung dar. In dieser Eigenschaft betrachten sie sich als Repräsentanten nicht nur der Partei-, sondern auch der Staatsbürokratie, die in soziologischer Hinsicht eine Einheit bilden. Das besondere Kennzeichen der sowjetischen Bürokratie ist darin zu sehen, dass sie im Rahmen der totalitären Einparteiherrschaft auf staatssozialistischer Grundlage die ganze politische und wirtschaftliche Macht in ihren Händen vereint.

Die bürokratische Herrschaft, der diese ungeheure Machtkonzentration zugrunde liegt, ist vor allem als eine Folge von Stalins «Revolution von oben» anzusehen. Aus diesem revolutionären Prozess ist mit der «neuen Intelligenz» eine weitere soziale Gruppe hervorgegangen, der in der sowjetischen Industriegesellschaft grösserer Einfluss zukommt.[68]

Um die Entwicklungstendenzen des Sowjetstaates und der Sowjetgesellschaft zu verstehen, ist es wichtig, diese beiden Gruppen, die teilweise miteinander verflochten sind, klar auseinanderzuhalten.

Für die Beurteilung des Verhältnisses zwischen Macht- und Sozialstruktur in der Sowjetunion ist von besonderer Bedeutung, dass es eine geschlossene Funktionärsklasse in der Sowjetunion, wie sie früher angenommen wurde, nicht gibt. Vielmehr ist zwischen der Hochbürokratie als der Oberschicht der Bürokratie in ihrer Gesamtheit, welche die eigentlichen Herrschaftspositionen innehat, und dem grösseren Teil der Intelligenz, die in erster Linie gesellschaftlich Führungsfunktionen ausübt, zu unterscheiden.[69] Letztere zerfällt in die technisch-ökonomische und die wissenschaftlich-kulturelle Intelligenz.

Die Überordnung der Hochbürokratie ergibt sich aus dem hierarchischen Aufbau des Sowjetstaates und der Sowjetgesellschaft, der durch die totalitäre Form der Einparteiherrschaft und die zentrale Planwirtschaft auf staatssozialistischer Grundlage bedingt ist.

Die Hochbürokratie bildet zusammen mit dem Offizierskorps eine Machtelite, der der grösste Teil der Intelligenz in einer sozial untergeordneten Stellung gegenübersteht. Dem Verhältnis zwischen der Hochbürokratie, bei der zwischen der Partei- und Staatsbürokratie zu unterscheiden ist, und der Oberschicht der beiden Teilgruppen der Intelligenz kommt dabei eine zentrale Bedeutung zu. Bei der technisch-ökonomischen Intelligenz bilden diese Oberschicht die Wirtschaftsmanager, die hauptsächlich aus Diplom-Ingenieuren besteht. Bei der wissenschaftlich-kulturellen Intelligenz ist es eine Prestigeelite, der Wissenschaftler, Schriftsteller und Künstler angehören.

Da sich die Bürokratie zu einem grossen Teil aus Angehörigen der technisch-ökonomischen Intelligenz rekrutiert, ergeben sich mit der ersten Teilgruppe der Intelligenz stärkere Überschneidungen. Sie liegen bei der zweiten Teilgruppe in sehr viel geringerem Masse vor.

Die Bürokratie bildet ebensowenig wie die Intelligenz eine geschlossene Einheit. Zu unterscheiden ist nicht nur zwischen einzelnen Teilgruppen institutioneller und beruflicher Art und ihrer Lokalisierung nach verschiedenen Verwaltungsebenen, sondern auch zwischen ihrer besonderen Stellung im autokratisch-totalitären Herrschaftssystem und ihrem Zugang zu den eigentlichen Inhabern der Macht. Auch die nationale Zugehörigkeit spielt in einem Vielvölkerstaat wie der Sowjetunion eine besondere Rolle. Neben den allgemeinen und speziellen Eliten haben wir es in zunehmendem Masse mit einer Vielzahl von grösseren und kleineren Interessengruppen zu tun, die auf die politische und gesellschaftliche Entwicklung Einfluss zu nehmen versuchen.[70]

Die soziologische Bedeutung der Wirtschaftsreform von 1965, die mit dem Namen Kossygins verbunden ist und die zur Wiederherstellung des vertikalen Leitungssystems der Ministerien führte, ist vor allem darin zu sehen, dass sie die Machtstellung der Staatsbürokratie gegenüber der Parteibürokratie wesentlich gestärkt hat. Dadurch ist der Zustand wiederhergestellt worden, wie er vor der ersten grossen Verwaltungsreform Chruschtschows vom Mai 1957 bestanden hat. Erst in zweiter Linie sind die Betriebsdirektoren, das heisst die Oberschicht der Wirtschaftsmanager, Nutzniesser dieser Reform gewesen, die ihnen keinen grösseren Einfluss auf die politischen Entscheidungen der Kreml-Führung eingeräumt hat.

Die Wirtschaftsreform diente somit in soziologischer Sicht vor allem dazu, ein besseres Gleichgewicht innerhalb der Hochbürokratie herzustellen und zugleich die Stellung der herrschenden Machtelite als Ganzes zu festigen. Die Stabilität der kollektiven Führung beruht wesentlich auf diesem wiederhergestellten Gleichgewicht zwischen den beiden Teilgruppen der Bürokratie.

Eine nähere Untersuchung der sozialen Struktur der KPdSU[71] lässt erkennen, dass aus einer Ordenspartei von meist intellektuellen Berufsrevolutionären, die einen starken proletarischen Einschlag aufwies, im Verlaufe der Entwicklung eine Massenpartei von 15,7 Millionen geworden ist, deren Kader von bürokratischen Berufspolitikern gestellt werden. Während im Parteivolk die Intelligenz überwiegt, wird die Parteiführung durch die Hochbürokratie dominiert. Ihr Anteil an den Vollmitgliedern des Zentralkomitees beträgt zurzeit 86,1 Prozent. Die nächststärkste Gruppe sind die Militärs mit 6,6 Prozent. Der Intelligenz im engeren Sinn verbleibt nur ein Anteil von 3,8 Prozent. Er ist immer noch höher als derjenige der Arbeiter und Bauern mit 3,5 Prozent, obgleich es sich bei der Sowjetunion gemäss der normativen Verfassung um einen «Arbeiter- und Bauernstaat» handelt und die Ideologie die Führung der Arbeiterklasse im Rahmen des «Volksstaates» betont. Die Parteiorganisation ist daher als eine reine Interessenvertretung der herrschenden Hochbürokratie anzusehen. Die im Zeichen der «Diktatur des Proletariats» stehende gesamtstaatliche Organisation erweist sich damit als ein Herrschaftssystem, das tatsächlich durch die «Diktatur der Bürokratie» bestimmt ist.

Während die Hochbürokratie für eine Aufrechterhaltung der totalitären Einparteiherrschaft, die eine Garantie für ihre eigene unumschränkte Herrschaft darstellt, eintritt, setzen sich die fortschrittlichen Teile der Intelligenz für eine stärkere Berücksichtigung der allgemeinen gesellschaftlichen Interessen ein.

Die Dissidenten,[72] die sich selbst als «demokratische Opposition» bezeichnen, sind gleichsam als die Vorhut dieser Kräfte, die eine Verbesserung oder Veränderung des bestehenden Systems anstreben, anzusehen. Als ihre Sprecher treten vor allem Wissenschaftler und Literaten, das heisst Angehörige der Prestigeelite, in Erscheinung. Unter ihnen sind der Kernphysiker Professor Sacharow, der Historiker Professor Roy Medwedjew und der Schriftsteller Alexander Solshenizyn, der sich jetzt im Exil befindet, besonders bekannt geworden. Ihre politische Bedeutung ist darin zu sehen, dass sie die unartikulierte Meinung in breiten Schichten der Sowjetgesellschaft zum Ausdruck bringen und damit quasi eine «parlamentarische» Funktion ausüben, da eine wirkliche «Volksvertretung» in der Sowjetunion nicht vorhanden ist.

Durch die bürokratische Herrschaft im Rahmen des totalitären Einparteistaates wird die wissenschaftlich-kulturelle Intelligenz sehr viel stärker benachteiligt, als dies bei der technisch-ökonomischen Intelligenz der Fall ist. Daher ist es nicht verwunderlich, dass es vor allem die wissenschaftlich-kulturelle Intelligenz ist, die nicht nur die soziale Basis der Dissidenten, sondern auch der anderen Reformkräfte in der Sowjetunion bildet. In schwächerem Masse machen sich diese Reformkräfte bei der technisch-ökonomischen Intelligenz bemerkbar.

Das Hervortreten der Dissidenten lässt erkennen, dass sich neben der formellen Organisation des totalitären Einparteistaates in immer stärkerem Masse eine informelle Ordnung der Sowjetgesellschaft entwickelt hat, die wie ein Eisberg nur mit ihrer Spitze, den engagierten Teilen der Sowjetintelligenz, aus dem tiefen Wasser ragt. Dieser Eisberg weist verschiedene Schichten auf, in denen unterschiedliche Auffassungen darüber bestehen, was geschehen müsste, um eine Änderung der Verhältnisse herbeizuführen.

Die Hochbürokratie, die in ihren höheren Rängen überaltert ist, will in ihrer überwiegenden Mehrheit von Experimenten nichts wissen. Sie strebt, wie auch grosse Teile der Volksmassen in der Sowjetunion, nach Ruhe und Ordnung und möchte das bestehende System, von einigen geringfügigen Korrekturen abgesehen, möglichst unverändert erhalten. Zu Recht hat Amalrik darauf hingewiesen, dass das bürokratische Regime in der Sowjetunion vor allem daran interessiert ist, dass alles beim alten bleibt, «dass die Autoritäten weiterhin anerkannt werden, dass die Intelligenz schweigt, dass das System von keinerlei gefährlichen und ungewöhnlichen Reformen erschüttert wird».[73]

Die fortschrittlichen Teile der Intelligenz sind aus Gründen, auf die im folgenden noch näher einzugehen sein wird, nicht bereit zu schweigen, da sie Veränderungen für die weitere Entwicklung der Sowjetunion für unbedingt erforderlich halten. Diese Erkenntnis macht sich allmählich auch in den jüngeren Rängen der Bürokratie und des Offizierskorps bemerkbar.

Die sowjetische Verfassungswirklichkeit wird durch diese Auseinandersetzung zwischen den fortschrittlichen und reaktionären Kräften in der Sowjetgesellschaft nicht minder stark bestimmt als durch das Beharrungsvermögen des im wesentlichen intakten autokratisch-totalitären Herrschaftsapparats.

VII. Die Wandlungsmöglichkeiten des sowjetkommunistischen Einparteistaates

Zwei Beweggründe waren es, welche die Reformer und Revolutionäre unter der alten russischen Intelligenz veranlassten, sich für eine Veränderung oder Überwindung des autoritären zaristischen Systems einzusetzen: Erstens das Streben nach sozialer Gerechtigkeit, zweitens der Wunsch nach einer beschleunigten Modernisierung Russlands.

Auch heute sind es wieder zwei Beweggründe, die Teile der neuen sowjetischen Intelligenz dazu bestimmen, eine Veränderung der totalitären Form des Sowjetsystems anzustreben.

An erster Stelle geht es diesmal um die Sicherung der Freiheitsrechte und weniger um das fortbestehende Bedürfnis nach sozialer Gerechtigkeit, das von der sozialistischen Komponente des Sowjetkommunismus nur in begrenztem Masse befriedigt worden ist. An zweiter Stelle steht das Bewusstsein von der Notwendigkeit, den Anschluss an die neue Etappe der Modernisierung in der Welt zu finden, die durch die wissenschaftlich-technische Revolution ausgelöst worden ist.

In der ersten Frage sind es vorläufig nur die Reformkräfte in der Intelligenz, welche die Forderung nach mehr Freiheit und ihrer rechtlichen Sicherung erheben. An der Lösung der zweiten Frage ist dagegen die herrschende Hochbürokratie nicht minder interessiert als die Intelligenz. Sie möchte aber die Verknüpfung zwischen den beiden Problemen nicht wahrhaben und versucht daher, diese Frage ohne wesentliche Veränderung des bestehenden Systems zu lösen.

Es ist bezeichnend, dass allen Richtungen der demokratischen Opposition in der Sowjetunion die Forderung nach einer Verwirklichung der allgemeinen Menschenrechte in der Sowjetunion und nach einem wirksamen Schutz der Grundrechte gemeinsam ist. Der Opposition geht es in erster Linie um die Gewährleistung der politischen Grundfreiheiten. In diesem Sinne kann man sie als eine sowjetische Bürgerrechtsbewegung bezeichnen.[74] Jede Nummer der «Chronik der laufenden Ereignisse» wird mit den Worten von Art. 19 der allgemeinen Erklärung der Menschenrechte der Vereinten Nationen von 1948 eingeleitet:

«Jeder Mensch hat das Recht auf freie Meinungsäusserung; dieses Recht umfasst die Freiheit, Meinungen unangefochten anzuhängen und Informationen und Ideen mit allen Verständigungsmiteln ohne Rücksicht auf Grenzen zu suchen, zu empfangen und zu verbreiten.»

Die gemässigten Teile der demokratischen Opposition konzentrieren sich daher vor allem auf die Probleme, die mit der Sicherung der Informations-, Diskussions- und Gedankenfreiheit verbunden sind. In dem Brief, den Professor Sacharow zusammen mit seinen Kollegen Turtschin und Medwedjew am 19. März 1970 an die Führungsspitze im Kreml richtete, wird ein höherer Informationsgrad, die Beendigung der Störung ausländischer Radiosendungen, der freie Verkauf ausländischer Bücher und Zeitungen, der inzwischen erfolgte Beitritt der Sowjetunion zur internationalen Urheberrechtskonvention, die Erweiterung des internationalen Tourismus und der internationalen Kontakte gefordert. Ein Gesetz über Presse und Information soll angenommen und neue Presseorgane für gesellschaftliche Organisationen und Gruppen sollen zugelassen werden. Die Vorzensur soll in jeglicher Form abgeschafft werden. Ausserdem soll ein Institut zur Erforschung der öffentlichen Meinung eingerichtet und die soziologische Forschungstätigkeit ausgebaut werden.

In dem Sacharow-Brief heisst es:[75]

«Informations- und Schaffensfreiheit sind für die Intelligenz Voraussetzung ihrer Tätigkeit und ihrer gesellschaftlichen Funktion. Das Streben der Intelligenz nach Erweiterung dieser Freiheiten ist legitim und natürlich. Der Staat aber versucht dieses Streben durch alle möglichen Restriktionen zu unterdrücken, wie administrativen Druck, Entlassungen und sogar gerichtliche Verfolgung. Dies erzeugt Spannungen, gegenseitiges Misstrauen sowie völliges Unverständnis und verunmöglicht eine fruchtbare Zusammenarbeit zwischen dem Partei- und Staatsapparat und den aktivsten, für die Gesellschaft wertvollsten Schichten der Intelligenz ... Ein grosser Teil der Intelligenz und der Jugend begreift die Notwendigkeit der Demokratisierung und eines behutsamen und schrittweisen Vorgehens bei ihrer Durchführung, aber sie können nicht antidemokratische Massnahmen begreifen und rechtfertigen. Wie kann man rechtfertigen, dass

Menschen in Gefängnisse, Lager und Irrenhäuser gesteckt werden, nur weil sie Opposition machten, die sich völlig legal im Bereich der Ideen und Überzeugungen abspielte? In zahlreichen Fällen handelt es sich nicht einmal um Opposition, sondern bloss um Streben nach Information oder um mutige und vorurteilslose Diskussion wichtiger gesellschaftlicher Fragen.»

In seinem Memorandum vom 5. März 1971 fordert Sacharow von der Sowjetführung Reformen, deren Hauptziel «die Wahrung und Gewährleistung der Grundrechte seiner Bürger» sein soll. «Der Schutz der Menschenrechte steht über allen anderen Zielen.»

Er schreibt:[76]

«Das Glück der Menschen insbesondere wird gewährleistet durch ihre Freiheit in der Arbeit, im Konsum, im persönlichen Leben, in der Bildung, in den kulturellen und gesellschaftlichen Bekundungen, durch die Freiheit der Überzeugungen und des Gewissens, durch die Freiheit des Informationsaustausches und der Freizügigkeit.»

Um diesen Zustand herbeizuführen, fordert Sacharow mehr Rechtsstaatlichkeit, ein verändertes Verhältnis des Staats- und Parteiapparats zur Kunst, Literatur und Bildung sowie zu den Geistes- und Gesellschaftswissenschaften und eine Demokratisierung der Gesellschaft bei «Rückgang der extremsten Erscheinungen des Zentralismus und des parteistaatlichen bürokratischen Monopols». Er betont, dass «die Ausarbeitung eines klaren und konsequenten Programms der weiteren Demokratisierung und Liberalisierung» vor allem «im Interesse des technisch-wirtschaftlichen Fortschritts wie der stufenweisen Überwindung des Rückstands und der Isolierung gegenüber den fortschrittlichen kapitalistischen Ländern» notwendig sei. Damit spricht er ein Thema an, dem für die künftige Entwicklung der Sowjetunion eine zentrale Bedeutung zukommt.

Bereits am Ausgange der Stalin-Ära sind sich Teile der herrschenden Hochbürokratie und vor allem der Intelligenz der Zurückgebliebenheit der Sowjetunion im Verhältnis zum Westen auf technologischem und wirtschaftlichem Gebiet immer stärker bewusst geworden. Aus dieser Erkenntnis ergab sich nach Stalins Tod die Notwendigkeit, die Sowjetgesellschaft nach innen und aussen offener zu gestalten, um sie damit konkurrenzfähiger zu machen. Diesem Zweck diente die «Entstalinisierung», die mit der «Neuen Kurs»-Politik Malenkows begann und von Chruschtschow auf dem XX. und dem XXII. Parteikongress der KPdSU 1956 und 1961 fortgesetzt wurde. Von Chruschtschow wurde das Ein- und Überholen der Vereinigten Staaten als der Führungsmacht der westlichen Industriestaaten zur «ökonomischen Hauptaufgabe» erhoben. In seinem übertriebenen Optimismus glaubte er, dass es der Sowjetunion gelingen würde, dieses Ziel mit Hilfe des im neuen Parteiprogramm der KPdSU enthaltenen Zwanzigjahrplans bis 1980 zu erreichen. Er überschätzte dabei nicht nur die Möglichkeiten der Sowjetunion, sondern auch die Auswirkungen der zweiten industriellen Revolution mit ihrem besonderen wirtschaftlich-technischen Charakter.

Im Parteiprogramm der KPdSU vom Oktober 1961 wurde die Wissenschaft zwar als «unmittelbare Produktivkraft» bezeichnet, doch war sich die Sowjetführung damals nicht bewusst, dass mit der «wissenschaftlich-technischen Revolution» ein neues Zeitalter angebrochen war.

Die «wissenschaftlich-technische Revolution» ist durch eine beschleunigte Veränderung der materiellen Lebensbedingungen und durch die massive technische Umsetzung der in der Naturwissenschaft erzielten Fortschritte gekennzeichnet.[77] Sie hat dazu geführt, dass in den sechziger Jahren die technologische Lücke zwischen der Sowjetunion und den Vereinigten Staaten und darüber hinaus auch zu den westeuropäischen Staaten immer grösser geworden ist.[78] Diese Entwicklung ist den Nachfolgern Chruschtschows erst bewusst geworden, nachdem die begrenzte Wirtschaftsreform von 1965 die erhofften Ergebnisse nicht erbracht hat.

Daher hat Breshnew im ZK-Bericht auf dem XXIV. Parteitag 1971 die Notwendigkeit einer schnellen Umsetzung der Erkenntnisse der wissenschaftlich-technischen Revolution besonders betont. Er forderte, den wissenschaftlich-technischen Neuheiten nachzujagen, «statt vor ihnen zurückzuschrecken — bildhaft gesprochen — wie der Teufel vor dem Weihwasser».[79] Er hat diese Forderung auf dem XXV. Parteitag 1976 wiederholt.

Die Bedeutung, welche die derzeitige Sowjetführung der wissenschaftlich-technischen Revolution beimisst, hat Breshnew in einer Rede im Jahre 1971[80] mit den Worten zum Ausdruck gebracht: «Die Grundfragen der wissenschaftlich-technischen Revolution, der beschleunigten Entwicklung von Wissenschaft und Technik werden auch künftig im Zentrum der Aufmerksamkeit von Partei und Regierung stehen. Hier liegt die wichtigste Aufgabe unserer wirtschaftlichen Strategie nicht nur für das laufende Jahr, sondern für die ganze überschaubare Periode der Entwicklung unseres Landes.»

Die bisherige Entwicklung hat gezeigt, dass demokratische Gesellschaften, die eine marktwirtschaftliche Ordnung aufweisen, sehr viel besser in der Lage sind, den mit der wissenschaftlich-technischen Revolution verbundenen Umsetzungsprozess zu vollziehen als sozialistische Gesellschaften, die von einer zentralen Planwirtschaft ausgehen und an der totalitären Form der Einparteiherrschaft festhalten. Aus dieser Erkenntnis heraus wird von den massgebenden Sprechern der demokratischen Opposition nicht nur eine Verbesserung, sondern eine tiefgehende Veränderung des bestehenden Systems gefordert.

Im «Sacharow-Brief» vom 19. März 1970 wird auf die Mängel des gegenwärtigen Sowjetsystems hingewiesen, welche die Stagnation der Sowjetwirtschaft und das Sinken des Wirtschaftswachstums bedingen würden. Die technologische Lücke, insbesondere auf dem Gebiet der Automation und der Computertechnik, habe sich zwischen den wichtigsten westlichen Industriestaaten mit den USA an der Spitze und der Sowjetunion immer mehr vergrössert. Der Rückstand der Sowjetunion gegenüber den Vereinigten Staaten sei dabei quantitativ und qualitativ in den letzten Jahren immer grösser geworden. Die Sowjetunion würde im Verhältnis zu den USA in einem anderen Zeitalter leben.

Die Ursache dieser Schwierigkeiten wird von Sacharow und den Mitverfassern des Briefes vom 19. März 1970 nicht in der sozialistischen Ordnung, sondern «in den antidemokratischen Traditionen und Normen des gesellschaftlichen Lebens, die in der stalinistischen Zeit entstanden sind» und welche die Entfaltung individueller schöpferischer Initiative hemmen, gesehen. Die notwendige Dynamik und Anpassungsfähigkeit, die eine Volkswirtschaft im Zeichen der zweiten industriellen Revolution benötigt, könnte daher nur über eine schrittweise Demokratisierung des politischen, wirtschaftlichen, sozialen und kulturellen Lebens gewonnen werden, die der gesellschaftlichen Bedeutung der Intelligenz voll gerecht wird.

Die Vorschläge, die von Sacharow im Brief und seinen Memoranden gemacht wurden, laufen im Ergebnis auf den Übergang zu einem «konstitutionellen Einparteistaat» hinaus. Zu einem solchen Unternehmen ist aber die derzeitige Sowjetführung aus Angst vor einer Erschütterung ihrer unbeschränkten Herrschaft nicht bereit. Sie sucht einen Ausweg in einer verstärkten wirtschaftlich-technischen Kooperation mit dem Westen aufgrund bilateraler Vereinbarungen und mit Hilfe des Korbes 2 der Schlussakte der Konferenz über Sicherheit und Zusammenarbeit (KSZE) zu erreichen. Sie hofft auf diese Weise in verstärktem Masse an dem technischen Fortschritt der westlichen Industriestaaten zu partizipieren und dadurch mit der Zeit den Westen zu überholen, ohne ihn durch eigene Kraft einzuholen. Dies ist einer der Hauptgründe, warum der Kreml an einer Entspannungspolitik gegenüber dem Westen interessiert ist, zugleich aber nicht bereit ist, unter Verwirklichung der im Korb 3 der KSZE-Schlussakte enthaltenen Absichtserklärungen eine Auflockerung im Inneren zuzulassen.

Es ist kaum anzunehmen, dass dieser Plan sich in dem von der Sowjetführung erhofften Ausmasse verwirklichen lassen wird, da sowohl einem Ausbau der aussenwirtschaftlichen Beziehungen als auch einer verstärkten industriellen Kooperation auf der sowjetischen Seite die gleichen Systemschwierigkeiten entgegenstehen, welche auch die Entwicklung der modernen Industriezweige im Innern, wie zum Beispiel die Computer-Industrie, hemmen. Infolgedessen ist anzunehmen, dass sich die technologische Lücke zwischen West und Ost, von einigen militärisch wichtigen Gebieten abgesehen, in den nächsten Jahren wieder vergrössern wird. Damit wird der Druck aller derjenigen Kräfte zunehmen, die eine tiefgehende Systemänderung fordern, um die Modernisierung Russlands in einem schnelleren Tempo fortzuführen. Über kurz oder lang wird sich ein Führungswechsel im Kreml nicht umgehen lassen, der dieser Forderung Rechnung trägt.

In der innenpolitischen Entwicklung der Sowjetunion könnte daher in absehbarer Zeit mit einer neuen Liberalisierung auf der Grundlage einer evolutionären Entwicklung zu rechnen sein. Sie würde auf der wachsenden Erkenntnis beruhen, dass die ökonomisch-soziale Entwicklung des Landes im Zeichen der wissenschaftlich-technischen Revolution einen höheren Grad an gesellschaftlicher Spontaneität und persönlicher Initiative erfordert, der sich nur bei einer entschiedenen Abkehr vom Totalitarismus erreichen lassen wird.

Beim Herrschaftssystem erscheint in einem solchen Falle der Übergang zu einem freieren autoritären System als wahrscheinlich, der mit der Zeit zu einem konstitutionellen Einparteistaat führen könnte. Allerdings ist eine Entwicklung in zwei Richtungen vorstellbar.

Die eine Entwicklungsmöglichkeit würde bei einer verstärkten Liberalisierung, die von einer Dezentralisierung des Systems begleitet wäre, eine schrittweise Demokratisierung und die Herausbildung einer rechtsstaatlichen Ordnung zur Folge haben. Sie würde mit einer stärkeren Bindung und Begrenzung der Staatsallmacht durch das Recht und damit einem besseren Schutz der Grundrechte bei grösserer Eigenständigkeit der Justiz verbunden sein. Im Rahmen der Staatsverfassung dürfte das Rätesystem mit mehr Leben, insbesondere auf den unteren Verwaltungsstufen, erfüllt und die Wahlentscheidung zwischen mehreren Kandidaten zugelassen werden. Auch die Aufhebung des Fraktionsverbots innerhalb der Partei und die Modifizierung des Organisationsprinzips des «demokratischen Zentralismus» erscheinen nicht ausgeschlossen.

Die Forderung nach einer solchen Systemänderung dürfte durch die Emanzipationsbestrebungen der nichtrussischen Völker, die fast 50 Prozent der sowjetischen Bevölkerung ausmachen, wesentlich unterstützt werden. Diese sind in jedem Fall Anhänger einer Dezentralisierung des Systems, die in Verbindung mit der Einführung rechtsstaatlicher Grundsätze zu einer Wiederbelebung des Sowjetföderalismus und damit zu einer Stärkung ihrer staatlichen Eigenständigkeit im Rahmen des sowjetischen Bundesstaates führen kann.

Ähnlich wie vor der Russischen Revolution ergibt sich so ein Bündnis zwischen den fortschrittlichen Teilen der Intelligenz und den nichtrussischen Nationalitäten, da beide an Reformen, die das bestehende System grundlegend verändern sollen, interessiert sind.

Eine entscheidende Wendung ist allerdings erst dann zu erwarten, wenn es den Reformkräften gelingen würde, in der allein erlaubten politischen Organisation, nämlich der Partei, Machtpositionen zu gewinnen und bei den breiten Volksmassen mehr Widerhall und Unterstützung zu finden. Mit einer solchen Entwicklung wird allerdings erst nach einem Generationswechsel in grösserem Umfange gerechnet werden können. Er würde zur Besetzung der massgebenden Herrschaftspositionen durch

Personen führen, die in der Zeit der «Entstalinisierung» der Partei beigetreten sind und daher für reformkommunistische Vorstellungen eher zugänglich sein könnten.

Am ehesten wäre eine starke Persönlichkeit in der Lage, mit Hilfe der fortschrittlichen Teile der Intelligenz durch eine Art «Kulturrevolution» einen solchen Umbruch zu bewirken. Das Beispiel der Tschechoslowakei zeigt, dass aber auch eine schwächere Persönlichkeit, die intelligent und integer zugleich ist, zum Symbol einer Reformbewegung von einer grösseren Breitenwirkung werden kann.

Bei einem Erfolg der Reformer wäre eine spätere Wiederherstellung eines Mehrparteiensystems im Rahmen der Sowjets nicht undenkbar.

Die andere Entwicklungsmöglichkeit würde die Verfestigung einer für den einzelnen Sowjetbürger wahrscheinlich freieren autoritären Einparteiherrschaft im Sinne eines sowjetischen Nationalkommunismus zur Folge haben. Ein solches System würde vorwiegend eine zentralistische Struktur aufweisen und die Tendenz zu einem unitarischen Staatsaufbau und damit zu einer umfassenden Russifizierungspolitik verstärken. Es würde zwar der Sowjetgesellschaft in grösserem Umfange, als dies bisher der Fall gewesen ist, einen Bewegungsspielraum einräumen, zugleich aber die Spannungen zwischen den Grossrussen als der staatstragenden Nation und den nichtrussischen Nationalitäten erhöhen.

Bei der Stärke des russischen Nationalismus könnte dieses System dabei leicht faschistische oder militaristische Züge annehmen.[81] Extremistische grossrussische Nationalisten haben sich in den letzten Jahren in der Sowjetunion bemerkbar gemacht, auch unter den Dissidenten.[82]

Welche der beiden Entwicklungstendenzen sich im Sowjetkommunismus durchsetzen wird, ist vorläufig schwer zu beurteilen. Für die Gegenwart ist bei der Sowjetunion von einem System auszugehen, dessen totalitäre Herrschaftsform überholt ist und das aufgrund seines bürokratischen Wesens zu innerer Stagnation neigt. Die oppositionellen Kräfte sind vorläufig zu schwach, um grössere Veränderungen herbeizuführen. Sie vertreten teilweise sehr unterschiedliche politische Standpunkte. Einig sind sie sich nur in der Überzeugung, dass etwas geschehen muss, um mit der bürokratischen Erstarrung auch den inneren Immobilismus zu überwinden. Nur unter dieser Voraussetzung würde es der Sowjetunion nach ihrer Auffassung möglich sein, den steigenden Anforderungen einer entwickelten Industriegesellschaft zu entsprechen und zugleich den Anschluss an die Moderne im vollen Umfange zu finden.

Anmerkungen

[1] Vgl. H. Heller: Staatslehre, Leiden 1934, S. 246 ff.; K. Loewenstein: Verfassungslehre, 2. Aufl., Tübingen 1969, S. 26 ff.

[2] Bei dem parteistaatlichen Charakter der modernen Demokratie ist es von besonderer Bedeutung, dass sich auch die Willensbildung innerhalb der jeweiligen Partei «von unten nach oben» vollzieht. Vgl. G. Leibholz: Der Strukturwandel der modernen Demokratie, Karlsruhe 1952, S. 33.

[3] Vgl. H. Krüger: Allgemeine Staatslehre, Stuttgart 1964, S. 185 ff.

[4] Vgl. N. Berdiajew: Sinn und Schicksal des russischen Kommunismus, Luzern 1937, S. 69 ff. und 79 ff.; D. Shub: Lenin, Wiesbaden 1962, S. 429 f.; Derselbe: Političeskie dejateli Rossii (Politische Persönlichkeiten Russlands) 1850—1920, New York 1969, S. 67 ff.; A. B. Ulam: Die Bolschewiki, Köln/Berlin 1965, S. 100 ff.

[5] Vgl. I. Fetscher (Hrsg.): Der Marxismus. Seine Geschichte in Dokumenten, Bd. III, München 1965, S. 166 ff.

[6] Vgl. Neue Zeit, 20. Jg., 1901/2, S. 79.

[7] Vgl. B. D. Wolfe: Lenin, Trotzkij, Stalin. Drei, die eine Revolution machten, Frankfurt/Main 1965, S. 208 ff.; Ulam, a. a. O., S. 205 ff.

[8] Ebenda, S. 306 ff.

[9] L. Trockij: Naši političeskie zadači (Unsere politischen Aufgaben), Genf 1904, S. 54.

[10] Vgl. Wolfe, a. a. O., S. 382 ff.

[11] Vgl. B. Meissner: Das Parteiprogramm der KPdSU 1903—1961, Köln 1962, S. 117.

[12] Zitiert nach Wolfe, a. a. O., S. 388.

[13] Trinadcatyj s"ezd Rossijskoj Kommunističeskoj Partii (bol'ševikov) — Der dreizehnte Kongress der Kommunistischen Partei der Sowjetunion (Bolschewisten), Stenographischer Bericht, Moskau 1924, S. 116.

[14] L. Trotzky: Stalin, Köln 1952, S. 94. «Untergrundhierarchie» statt «unterirdische Hierarchie» dürfte die treffendere Übersetzung sein.

[15] Vgl. W. I. Lenin: Werke, Bd. 26, Berlin (Ost) 1961, S. 71 ff.; R. Löwenthal: Der Einparteistaat als Vorbild, Merkur, 21. Jg., 1967, S. 907.

[16] Vgl. O. Anweiler: Die Rätebewegung in Russland 1905—1921, Leiden 1958.

[17] Vgl. O. H. Radkey: The Election of the Russian Constituent Assembly of 1917, Cambridge, Mass. 1950.

[18] Vgl. L. Schapiro: Die Geschichte der Kommunistischen Partei der Sowjetunion, Frankfurt/Main 1961.

[19] Vgl. R. A. Daniels: Das Gewissen der Revolution. Kommunistische Opposition in Sowjetrussland, Köln/Berlin 1962, S. 85 ff.

[20] Vgl. R. Luxemburg: Die russische Revolution, Frankfurt a. M. 1963, S. 69, 73.

[21] Vgl. Kronstadt, in: F. Kool, E. Oberländer (Hrsg.): Arbeiterdemokratie oder Parteidiktatur, Olten/Freiburg i. Br. 1967, S. 283 ff.; Schapiro, a. a. O., S. 222 ff.; Daniels, a. a. O., S. 176 ff.

[22] Vgl. W. I. Lenin: Aufnahmebedingungen der Kommunistischen Internationale, zitiert nach I. Fetscher: Die Freiheit im Lichte des Marxismus-Leninismus, Schriftenreihe der Bundeszentrale für Heimatdienst, H. 40, Bonn 1959, S. 48.

[23] Vgl. Schapiro, a. a. O., S. 231; Daniels, a. a. O., S. 180 ff.

[24] Vgl. Anweiler, a. a. O., S. 292 ff.

[25] J. Stalin: Fragen des Leninismus, Moskau 1947, S. 140.

[26] Vgl. R. Löwenthal: Totalitäre und demokratische Revolution, Der Monat, November 1960, S. 35 f.

[27] Vgl. B. Meissner: Entwicklung und Grundzüge der sowjetischen Staatslehre, in: R. Maurach, B. Meissner (Hrsg.): 50 Jahre Sowjetrecht, Stuttgart 1969, S. 22 ff.

[28] Vgl. Stalin, a. a. O., S. 147 ff.

[29] Vgl. G. Brunner (Hrsg.): Das Parteistatut der KPdSU 1903—1961, Köln 1965, S. 50 ff.; L. Révész: Kommentar zum Statut der KPdSU, Bonn 1973 (hektographiert), S. 449 ff.

[30] Vgl. B. Meissner: Die Ministerien in Russland, Europa-Archiv, 3. Jg., 1948, S. 1204 f.; Derselbe: Russland im Umbruch, Frankfurt/Main 1951, S. 20.

[31] Vgl. Révész, a. a. O., S. 485 ff.; P. A. Rodionov: Kollektivnost' — vysšij princip partijnogo rukovodstva (Die Kollektivität — das höchste Prinzip der Parteiführung), Moskau 1967.

[32] Četyrnadcatyj s"ezd Vsesojuznoj Kommunističeskoj Partii (bol'ševikov) — Der XIV. Kongress der KPdSU (Bolschewisten), Stenographischer Bericht, Moskau 1926, S. 274/5.

[33] Vgl. J. Carmichael: Säuberung. Die Konsolidierung des Sowjetregimes 1934—38, Berlin u. a. 1972; B. Levytsky: The Stalinist Terror in the Thirties, Stanford 1974.

[34] Zitiert nach B. Dennewitz, B. Meissner (Hrsg.): Die Verfassung der modernen Staaten, Bd. I, Hamburg 1947, S. 126.

[35] Vgl. K. Westen: Die Kommunistische Partei der Sowjetunion und der Sowjetstaat, Köln 1968.

36 Vgl. B. Meissner: Die Verfassungsentwicklung der Sowjetunion seit dem Tode Stalins, Jb. des öffentlichen Rechts der Gegenwart, N. F., Bd. 22, Tübingen 1973, S. 101 ff.

37 Vgl. Westen, a. a. O., S. 20 ff.

38 Vgl. Meissner, Verfassungsentwicklung, a. a. O., S. 155 ff.

39 Ebenda, S. 106 ff.

40 Vgl. B. Meissner: Die oberste Partei- und Staatsführung der Sowjetunion seit dem XXIV. Parteikongress der KPdSU, Europa-Archiv, 29. Jg., 1974, S. 249 ff.

41 Vgl. D. Česnokov: Razvitie Sovetskoj socialističeskoj gosudarstvennosti (Die Entwicklung der sowjetischen sozialistischen Staatlichkeit), Kommunist, 1965, H. 17, S. 11 ff.; V. M. Čchikvadze: Gosudarstvo, demokratija, zakonnost' (Staat, Demokratie, Gesetzlichkeit), Moskau 1967, S. 114 ff.; Ders.: Razvitie narodnoj suščnosti socialističeskogo gosudarstva (Die Entwicklung des Volkscharakters des sozialistischen Staates), Sovetskoe gosudarstvo i pravo (Sowjetstaat und Recht), 1966, H. 10, S. 3 ff.

42 Vgl. K. Westen: Die führende Rolle der Kommunistischen Partei im sozialistischen Staat, Berichte des Bundesinstituts für ostwissenschaftliche und internationale Studien, Köln 1970, Nr. 2.

43 Vgl. B. Meissner: Moskauer Orthodoxie und Reformkommunismus, in: A. Domes: Reformen und Dogmen in Osteuropa, Köln 1971, S. 25 ff. Die Bezeichnung «Reformkommunismus» ist vom Verfasser nach den Ereignissen in Polen und Ungarn 1956 geprägt worden, um den eigentlichen «Revisionismus» vom Nationalkommunismus zu unterscheiden.

44 Die Bezeichnung «institutionalisierter Pluralismus» stammt von J. F. Hough, der ihn m. E. voreilig auf den gegenwärtigen Zustand der Sowjetunion anwendet. Vgl. J. F. Hough: The Soviet System. Petrification or Pluralism?; Problems of Communism, March-April 1972, S. 25 ff.

45 Vgl. die gemeinsame Erklärung der KPI und KPF, Le Monde vom 18. 11. 1975, deutsche Übersetzung, Osteuropa, 26. Jg., 1976, S. 153 ff.

46 Gegen den Verzicht auf den Totalitarismusbegriff wendet sich mit überzeugenden Argumenten Peter Graf Kielmannsegg in seinem Aufsatz «Krise der Totalitarismustheorie», Ztschr. für Politik, N. F., 21. Jg., 1974, S. 311 ff. Zum gegenwärtigen Stand der Diskussion über den Totalitarismusbegriff in der amerikanischen Sowjetforschung vgl. T. H. Rigby: «Totalitarianism» and «Change in Communist Systems», Comparative Politics, 1972, S. 433 ff.; vgl. hierzu auch F. J. Fleron (Editor): Communist Studies and the Social Sciences, Chicago 1969.

47 Vgl. die beiden Thesen von Richard Löwenthal und Chalmers John-

son, in: Ch. Johnson (Editor): Change in Communist Systems, Stanford 1970.

48 Der bürokratische Charakter des Sowjetsystems wird mit Recht von Alfred Meyer hervorgehoben, doch sind seine Argumente gegen die Anwendung des Totalitarismusbegriffs nicht überzeugend. Vgl. A. Meyer: The Soviet Political System. An Interpretation, New York 1965, S. 470 ff.

49 Vgl. T. H. Rigby: Traditional, Market and Organizational Societies and the U.S.S.R., World Politics, Vol. XVI, 1964, S. 539 ff.

50 Hough (a. a. O., S. 25 f.) verweist auf John A. Armstrong und Jeremy R. Azrael als Vertreter dieser Auffassung.

51 Mit dieser These, die auf Zbigniew K. Brzezinski zurückgeht, setzt sich Hough (a. a. O., S. 26 f.) auseinander.

52 Vgl. K. C. Thalheim: Grundzüge des sowjetischen Wirtschaftssystems, Köln 1962.

53 Zu den Grenzen dieses Liberalisierungsprozesses vgl. R. Conquest: Die «Liberalisierung». Eine Bestandsaufnahme, Der Monat, März 1963, S. 29 ff.

54 Vgl. Meissner, Verfassungsentwicklung.

55 Vgl. B. Lewytzkyj: Die Nomenklatur. Ein wichtiges Instrument sowjetischer Kaderpolitik, Osteuropa, 11. Jg., 1961, S. 409 ff.

56 Vgl. B. Meissner: Die Rechtsstellung der Kommunistischen Partei der Sowjetunion, Jahrbuch für Ostrecht, II/2, 1961, S. 19 ff.; Derselbe: Party Supremacy: Some Legal Questions, Problems of Communism, March/April 1965, S. 31 ff.

57 Vgl. die den beiden Parteitagen gewidmeten Sonderhefte von Osteuropa.

58 Vgl. B. Meissner: Sowjetdemokratie und bolschewistische Parteidiktatur, in: R. Löwenthal (Hrsg.): Die Demokratie im Wandel der Gesellschaft, Berlin (West) 1963, S. 142 ff.

59 Vgl. G. Brunner: Merkmale des sowjetischen Kontrollsystems; Derselbe: Die sowjetische Volkskontrolle im Widerstreit zwischen Partei und Staat, Berichte des Bundesinstituts für ostwissenschaftliche und internationale Studien, 1968, Nr. 46, 1969, Nr. 23.

60 Vgl. B. Meissner: Parteiführung, Parteiverfassung und soziale Struktur der KPdSU, Osteuropa-Sonderheft «Der XXIV. Parteitag der KPdSU», 1971, Heft 8/9, S. 594 f.

61 Vgl. G. Brunner: Die Grundrechte im Sowjetsystem, Köln 1963.

62 Insofern trifft die von Richard Löwenthal vertretene These, dass mit der Beendigung der «permanenten Revolution von oben», die er sehr viel später ansetzt als der Verfasser, bereits der Übergang in der Sowjetunion zu einem autoritären System vollzogen worden ist, nicht

zu. Zur Begründung dieser These vgl. R. Löwenthal: Development vs. Utopia in Communist Policy, in: Johnson, Change in Communist Systems, a. a. O., S. 110 ff.

[63] Der in einer revolutionären Ideologie angelegte Spannungszustand zwischen dem Durchgangsstadium («transfer culture») und dem angestrebten Endzustand, auf den Chalmers Johnson (a. a. O., S. 7 ff.) zutreffend hinweist, wird durch diesen Übergang von der Revolution zur gesteuerten Evolution im Innern wesentlich vergrössert.

[64] Der Verfasser hat dies an den Beispielen des jugoslawischen und tschechoslowakischen Reformkommunismus nachgewiesen. Vgl. Meissner, Moskauer Orthodoxie und Reformkommunismus, a. a. O., S. 25 ff.

[65] Wie dies Peter Christian Ludz tut, welcher der Auffassung ist, dass die DDR, die in ihrem Herrschaftssystem der Sowjetunion weitgehend entspricht, die Entwicklungsstufe eines «konsultativen Autoritarismus» erreicht habe. Vgl. P. Ch. Ludz: Entwurf einer soziologischen Theorie totalitär erfasster Gesellschaften, in: Studien und Materialien zur Soziologie der DDR, Köln-Opladen 1964, S. 19.

[66] Vgl. M. Fainsod: Wie Russland regiert wird, Köln/Berlin 1965, S. 208 ff.

[67] Vgl. die Berichterstattung des Verfassers in «Osteuropa» über die innenpolitische Entwicklung der Sowjetunion seit dem Sturz Chruschtschows.

[68] Vgl. B. Meissner: Sowjetgesellschaft im Wandel. Russlands Weg zur Industriegesellschaft, Stuttgart 1966.

[69] Ebenda, S. 92 ff. und S. 112 ff.

[70] Vgl. B. Meissner, G. Brunner (Hrsg.): Gruppeninteressen und Entscheidungsprozess in der Sowjetunion, Köln 1975; H. G. Skilling/F. Griffiths (Ed.): Interest Groups in Communist Politics, Princeton 1971.

[71] Vgl. die Analyse des Verfassers im Osteuropa-Sonderheft «Der XXV. Parteitag der KPdSU».

[72] Vgl. A. von Tarnow: Demokratie in der Illegalität, Stuttgart 1971; C. Gerstenmaier: Die Stimmen der Stummen, Stuttgart 1971; G. Bruderer: Sowjetische Stimmen zum Russland von morgen, Bern 1971; B. Lewytzkyj: Politische Opposition in der Sowjetunion 1960—1972, München 1972; Derselbe: Die linke Opposition in der Sowjetunion, Hamburg 1974; H. Brahm (Hrsg.): Opposition in der Sowjetunion, Düsseldorf 1972; A. Rothberg: The Heirs of Stalin. Dissidence and the Soviet Regime 1953—1970, Ithaca 1972; George Saunders: Samizdat: Voices of the Soviet Opposition, New York 1974.

[73] A. Amalrik: Kann die Sowjetunion das Jahr 1984 erleben? Zürich 1970, S. 27.

[74] Vgl. P. Reddaway: Uncensored Russia: The Human Rights Movement

in the Soviet Union, London 1972; V. Chalidze: To defend these Rights. Human Rights and the Soviet Union, New York 1974; The Civil Rights Movement in the USSR, The Review (International Commission of Jurist) 1970, Nr. 5, S. 13 ff.

[75] Neue Zürcher Zeitung vom 24. 4. 1970.

[76] Die Zeit vom 21. 7. 1972.

[77] Vgl. A. Buchholz: Wissenschaftlich-technische Revolution (WTR) und Wettbewerb der Systeme, Osteuropa, 22. Jg., 1972, S. 340 ff.

[78] Vgl. P. Sager: Die technologische Lücke zwischen Ost und West, Bern 1971.

[79] Pravda vom 31. 3. 1971.

[80] Pravda vom 14. 4. 1971.

[81] Mit der Möglichkeit einer faschistischen Entwicklung rechnet auch Amalrik, der bereits beim gegenwärtigen Regime Züge eines «National-Bolschewismus» feststellt. Vgl. sein Interview in Die Welt vom 31. 7. 1976.

[82] Vgl. Lewytzkyj, Politische Opposition in der Sowjetunion, a. a. O., S. 87 ff.